CHOSUN CHEF

조선셰프 서유구의
만두 이야기

조선셰프 서유구의
만두 이야기

임원경제지 전통음식 복원 및 현대화 시리즈

(10)

CHOSUN CHEF'S
MANDU

우석대학교 전통생활문화연구소 지음
복원 및 집필 이윤호
감수 및 자문 곽미경

자연
경실

머리말

    만두(饅頭)는 만두 피(皮)로 다양한 재료를 다진 만두소를 감싸 쪄낸 음식이다. 만두피는 대체로 밀가루를 반죽하여 찰기 있게 한 후 밀대 등을 이용하여 반죽을 얇게 펴 만들지만, 밀가루 외에도 다양한 재료들이 사용된다. 만두소는 고기, 두부, 김치, 숙주나물, 당면, 표고, 미나리, 대파 등 취향과 가정 형편과 계절에 따라 다양한 재료들로 만들어진다.

    요즘은 기계로 만드는 만두가 많이 나오게 되었지만, 2000년대 초반까지만 해도 명절날 가정에서 가족들끼리 오순도순 이야기를 나누며 서로의 만두를 보며 누가 잘 만들었나 하면서 너스레를 부리며 만두를 빚고는 했다.
일일이 손으로 빚는 만두인 만큼 정성을 품고 있다고 하여, 예로부터 만두는 복주머니라고 불리고, 만 가지의 복을 싸먹는다고 표현하기도 한다.
우리나라의 대표적인 만두 모양으로는 반달 모양과 동그란 모양이 있다. 반달 모양은 원보(元寶) 모양과 비슷하다 하여 집안의 재물이 풍족하기를 기원한다는 의미이다. 또 동그란 모양은 단원 모양으로(團圓) 가족들이 집안에 빙 둘러앉아 있는 모습을 담은 의미를 가져 집안의 화목을 의미한다.
만두의 모양에 따라 담겨 있는 의미가 다르다는 것이 지금에야 별게 아닌게 되었지만, 각각의 모양에 따라 의미를 부여한다는 것은 별똥별이 떨어질 때 간절히 소원을 비는 마음과 같다고 본다. 만두를 빚는다는 것은 각자의 마음속의 소망을 만두에 담아 만두를 빚을 때 더욱더 정성을 들이며 정성스럽게 빚은 만두를 나눠먹으며 혼자 담아두는 고민이 아닌 앞으로 나아가기 위해 고민해줄 사람이 옆에 있다는 것을 말하고 싶지 않았나 싶다.

    시대가 변할수록 대가족 단위는 점차 사라지게 되면서 가족들끼리 모여 오순도순 이야기를 나누며 만두를 빚는 문화 풍습들이 이제는 점차 사라지거나 간소화되어가는 것을 느낀다. 한 해중 가장 큰 새해에도 요새는 대가족이 모이기는 쉽지 않다. 이런 시대 변화 속에서 온가족이 같이 둘러앉아 만두를 빚어 가는 추억이 더욱 더 소중하다고 느낀다. 북적북적하여 식구들끼리 음식을 나눠 먹는 재미도 인생의 재미 중 많은 부분을 차지한다고 생각한다. 시간은 자신이 느끼는 것보다 빠르게 흘러간다. 옹기종기 모여 만두를 빚는다는 것은 만두라는 음식으로 인해 일상에 치여 바쁘게 살아온 가족들에게 잠시 쉬어갈 수 있는 정신적인 쉼터를 만들어 주지 않았나 싶다.

이번 〈정조지(鼎俎志)〉의 만두를 복원하며 조선 후기 실학자인 풍석 서유구 선생이 일생을 바쳐 남긴 실용대백과사전인《임원경제지(林園經濟志)》여덟 번째 지인 〈정조지〉에 대하여 심도 있게 들여다볼 수 있는 값진 경험을 할 수 있었다.
〈정조지〉의 만두 편을 복원하는 과정을 통해 옛 것의 불편한 조리 과정이 자연스레 현대에 스며들어있는 방식들이 많이 보였다. 반면, 현대에는 사라졌지만 현대에도 활용할만한 좋은 조리법들도 많이 보였다. 과거의 만두는 만두소만 다양한 현대 만두와는 달리 주변에서 얻을 수 있는 재료들, 곡물이 아닌 것으로도 만두피를 만들었다. 우리의 과거 만두의 종류는 오히려 현대의 만두보다 훨씬 더 다양한 만두들이 있었던 것이다.
풍석 서유구 선생의 마음가짐을 본받아 구면지류(糗麪之類)에 기록된 만두류 총 15가지의 원형을 복원하는 것을 시작으로 향토 만두, 전통만두, 현대 만두, 세계의 다양한 만두들을 현대인들이 직접 만들어 보기 쉽도록 음식법과 직접 만들어 본 경험, 음식 사진, 재료의 이야기를《조선셰프 서유구의 만두 이야기》에 담았다.

만두는 영양학적으로 완벽하게 만들 수 있는 조건을 갖춘 음식이다. 식재료의 종류 사용량과 비율에 따라서 부족한 영양분을 채우거나 낮출 수 있다. 만두는 균형 잡힌 식사를 추구하는 바쁜 현대인에게 각광을 받을 수밖에 없는 운명을 가진 음식이다.

《조선셰프 서유구의 만두 이야기》는 〈정조지〉 만두를 시작으로 고조리서나 향토만두를 복원하고 이를 바탕으로 현대의 만두를 제안한다. 다른 나라의 만두를 소개하는 '세계의 만두'에서는 만두가 전 세계인이 즐기던 음식이라는 것과 다른 나라의 만두에 비해서 우리 만두의 역사가 참으로 대단하였다는 것을 알게 된다.

전통만두를 중심으로 현대 만두와 세계 만두를 복원하면서 새삼스럽게 우리 만두가 창의적이며 끊임 없이 진화해 나갈 수 있는 미래의 음식임을 깨닫게 되었다. 우물 속에서 나와서 하늘을 바라보는 것 같았다.

이 책을 읽는 독자들 모두 내가 경험했던 느낌을 함께 하기를 기대하면서, 서유구 선생의 애민정신이 다음 세대까지 계속 이어나가길 간절히 기원해본다.

우석대학교 전통생활문화연구소 연구원
이윤호 씀

　세상에서 가장 완벽한 꽃이 장미라면, 장미에 비견 될 만한 완벽한 음식은 바로 만두다. 만두는 우리 뿐 아니라 세계인이 즐겨 먹고 좋아하는 간편한 한 끼 식사이자 또는 간식이다. 우리는 만두를 곡물의 가루를 반죽하여 만든 피에 고기나 두부, 채소를 다져서 만든 소를 싸는 것으로 좁게 정의하지만, 때로는 곡물 외의 재료를 피로 사용하거나 소 없이 곡물가루를 익힌 덩어리도 만두로 보기도 하므로 만두의 영역은 크게 확장된다.

　우리는 만두를 오래 먹어왔지만 의외로 우리 만두에 대해서 잘 모른다. 만두도 다른 전통음식과 함께 일제강점기와 한국전쟁의 역사적 소용돌이 속에서 여러 모습이 사라졌기 때문이다. 또한 급속한 산업화로 인해 핵가족화가 되면서 노동력과 시간이 많이 요구되는 만두를 집에서 만들기가 어렵게 되면서 만두에 대해서 더 모르게 되었다. 우리는 선인들이 먹었던 만두에 대해서 모르기 때문에 중국 만두의 가짓수와 화려함에 기가 죽는다. 지금이야 만두의 종류가 다양해지고 고급화 되었지만 한동안 김치만두와 고기만두가 우리 만두의 전부로 알던 시절에는 더욱 그랬다.

　우리의 전통만두는 소를 싸거나 담을 수 있는 식재료를 만두피의 소재로 활용하여 제철 식재료로 만든 소를 넣은 시절음식이자, 제사음식이며 잔치음식이었다. 또 탕과 국수처럼 밥을 대신하여 든든한 주식의 역할도 하였다.
〈정조지〉 권2 구면지류(糗麫之類)에는 미숫가루, 면과 함께 15가지의 만두가 등장한다. 15개의 만두는 곡물 뿐 아니라 각 분야를 대표하는 식재료만든 피와 소를 만들고 양념으로 소를 다루는 방법이 각각 특색을 지니고 있어 만두 하나하나에 개성이 넘친다. 따라서 〈정조지〉 속 만두는 잊혀졌던 만두를 알게 할 뿐 아니라 만두의 신세계를 우리에게 보여준다. 또 〈정조지〉에는 건강한 만두와 만두의 한계를 극복하는데 영감을 줄 기발한 발상도 담겨 있다. 〈정조지〉만두 편을 통해 만두가 참으로 창의적인 음식이라는 것을 새삼 느끼게 된다.

서유구 선생의 "시절과 형편에 맞추어 만든 음식이 가장 좋은 음식이다"라는 음식철학이 다양한 만두를 만날 수 있게 한 요인이라고 생각된다. 일정한 틀에서 어떤 음식을 규정하고 평가하는 것은 바람직하지 않으며 이를 지양할 때 음식문화가 발전해 나갈 수 있다고 생각한다. 선생의 "시절과 형편에 맞게 음식을 하라"는 말은 고정관념에서 탈피하여 융통성을 발휘하여 음식을 만들어서 먹는 것이 좋다는 뜻이다. 선생이 폐쇄적이고 낡은 사고방식을 가진 분이라면 아마도 임원경제지를 집필 하시지도 않았을 뿐 아니라 설령 집필을 하였다 하더라도 자신이 가진 지식만을 전달하는데 그쳤을 것이라는 생각이 든다.

아정(雅亭) 이덕무(李德懋)는 "옛 것을 배워서 빠지면 진정한 옛 것이 아니고, 옛 것을 짐작해 지금에 창작하는 것이 옛 것이다"라고 하였다. 이 말은 옛 것을 배우는 것의 본질은 옛 것을 맹목적으로 추종하지 말고 되살려 새롭게 깨달아야 옛 것의 의미도 살고 앞으로 미래도 있다는 것이다. 선인이 남긴 옛 것을 현실에 잘 활용하여 현실에 적용시키고 이것을 바탕으로 미래를 도모하는 것이다. 선인들이 남긴 만두를 지금 현대에 그대로 적용시키겠다고 고집부리지 말고, 시대에 맞고 세계인이 즐길만한 만두로 새롭게 만들어 내라는 말이다. 우리 전통만두가 세상에 나와서 생명을 이어가는데 이 책이 힘이 되기를 바란다.

《조선셰프 서유구의 만두이야기》를 통해 서유구 선생의 간절한 염원과 열정이 담긴 결과물의 일부를 우리 전통문화를 사랑하고 그 복원 및 계승을 염원하는 많은 사람들과 나눌 수 있게 된 것을 기쁘게 생각한다. 이 책을 읽는 독자 분들에게 서유구 선생의 고귀한 정신과 공동체에 대한 사랑이 함께 하기를 기원한다.

우석대학교 전통생활문화연구소 소장
곽미경 씀

제2장 우리의 전통 만두

제3장 현대의 만두

제4장 세계의 만두

만두 이야기를 쓰며

세상에 존재하는 모든 식재료를 담을 수 있는 것이 '만두'다. 바꾸어 말하면 어느 식재료로도 멋진 만두를 만들 수 있다. 만두는 각 나라의 형편에 맞는 방식으로 만들어져 사람들에게 행복을 주는 음식이 되었다. 만두의 시작은 곡물의 가루를 반죽하여 굽거나 찐 것에서 비롯되었는데 이것이 만두피의 시작인 동시에 만두의 시작이다. 우리 만두의 종류를 떠올려 보면 고기만두와 김치만두뿐이다. 다양한 만두의 모습을 보기 위하여 여러 만두집을 가보았지만 화려하거나 이색적인 만두는 대도시에 있는 중국식 만두 전문식당에서나 볼 수 있었다. 중국이나 홍콩 여행을 할 때 맛있는 딤섬 집을 가는 것은 필수코스가 되었다. 자연스럽게 만두는 중국음식이라는 인식을 갖게 된다. 〈정조지〉의 전통만두를 만나기 전 만두에 얽힌 재미있는 이야기를 따라 가보면서 우리의 만두에 대한 이해를 넓히도록 한다.

만두의 기원

　　모든 음식은 많은 변천을 거치며 오늘의 모습을 갖추게 된다. 만두도 여러 나라에서 오랜 시간 만들어져 먹어왔기 때문에 정확하게 어떤 나라에서 먼저 만들어 먹었는지는 확실하지 않다. 후대인들은 기록이나 유적으로 또는 이름에서 음식의 유래를 찾지만 고대에도 각국은 지금 못지않은 교류를 나누었고 이 과정에서 음식문화도 서로 영향을 주고받았기에 음식의 정확한 시작점을 찾기는 어렵다. 중국의 만두가 가짓수가 많고 중국의 역사와 주변국에 끼친 영향, 그리고 우리가 부르는 만두라는 이름이 제갈량(諸葛亮) 때 처음으로 사용되어 흔히 만두는 중국에서 시작되었다고 알고 있지만 만두처럼 생긴 음식은 제갈량 이전에 이미 존재하고 있었다. 제갈량 사후 50년 뒤 사람인 3세기 후반 무렵 진(晉) 나라 때 속석(束晳)이 쓴 〈병부(餠賦)〉에 보면 음양(陰陽)이 교차하는 초봄 만두(曼頭)를 빚어 제사를 지낸 뒤 연회를 열었다는 내용이 허구가 아닌 실제 만두의 최초의 기록이다. 우리가 아는 만두(饅頭)의 '만(饅)' 자가 아니라 '늘이다' 혹은 '아름답다'는 뜻의 '만(曼)' 자를 사용한 만두(曼頭)인 것은 만두가 늘여서 만드는 아름다운 모양과 맛을 지닌 귀한 음식이었기 때문이다. 이 시대에는 만두는 아무나 먹을 수 없는 음식이었다. 새해 제사를 모신 뒤 올렸던 만두는 천자(天子)가 음복(飮福)으로 먹거나 하증(何曾)과 같은 부자의 음식이었다. 한(漢)나라에는 탕관(湯官)이라는 벼슬이 있었는데 만두나 국수, 수제비 같은 밀가루로 만든 탕병(湯餠)을 담당하는 관리였을 것으로 보인다. 밀가루 음식을 뜻하는 '병(餠)' 자는 한나라 양웅(揚雄, BC 53~ AD 18)이 쓴 〈방언(方言)〉에 처음으로 보인다. 양웅은 병을 밀반죽으로 만든 수제비나 밀반죽으로 빚은 경단이라고 풀이해 놓았다. 이로 미루어 볼때 만두(饅頭), 탕병(湯餠,수제비), 삭병(索餠, 국수)의 시작이 밀반죽에서 비롯되었다는 것을 짐작할 수 있다. 밀가루가 만들어진 뒤에는 밀가루 덩어리로 만든 수제비가, 그 뒤에는 새끼줄 모양의 국수가 만들어지고, 그 뒤를 이어 만두가 만들어졌다고는 하나 이는 기록에 의한 것이고 만두가 그 이전에 존재하였다는 설도 있다. 이들이 살았던 시대에 맷돌의 사용으로 밀가루를 제분할 수 있게 되면서 만두가 집중적으로 발달한 것으로 추정된다. 만두 자체의 기원은 중국보다는 세계 4대 문명의 발생지이자 밀의 최초 재배지인 메소포타미아라는 설이 더 유력하다. 이곳 사람들은 밀가루를 물과 반죽한 뒤 넓게 펴서 달구어진 돌에 구운 '닌다'라는 빵을 구워 먹었다. 그 뒤 메소포타미아의 요리책에서 '푀겔헨(Vögelchen)'이라는 요리가 발견되었는데 이는 '닌다' 위에 단진 고기를 올린 뒤 다시 '닌다'를 덮어서 익혀 먹은 것이다. 메소포타미아 사람들은 3500년 전에 지금의 만두와 크게 다르지 않은 만두를 조리하여 먹었다. 메소포타미아의 '푀겔헨'은 페르시아의 '요시파라'로 이어졌고 이 간편한 음식은 실크로드를 타고 유럽과 아시아 전역으로 퍼졌다. 물이 부족한 중앙아시아, 중동지역에서는 굽거나 튀기는 방식으로 물이 풍부한 지역에서 찌거나 삶는 형태로 그 조리방식이 바뀌게 된다. 만두의 중국 기원설은 불확실하지만 오늘날 먹는 형태인 얇은 피와 소를 넣은 형태로 중국에서 발전되어 터키나 몽골 등 주변국으로 번져 나간 것은 비교적 확실하다. 몽골이 유라시아 대륙을 제패하면서 만두는 중앙아시아와 동유럽으로 전파되게 되어 터키의 만트, 러시아의 펠메니 등 많은 동유럽 지역의 만두를 탄생시켰다. 우리는 소를 넣은 것을 만두라고 하는데 중국에서는 소를 넣지 않고 찐 떡을 만두라고 부르며, 우리가 알고 있는 소를 넣은 만두는 포자, 혹은 교자라고 부른다.

우리 만두의 기원

우리나라에서 만두를 언제부터 먹기 시작했는지는 정확하지 않다. 문헌상의 기록은 고려시대 부터지만, 삼국시대에 전해졌을 가능성도 있다. 지금 '만두'가 만두라는 이름으로 통칭되기 까지 여러 이름으로 불렸다. 만두의 개념도 중국과는 다르다. 우리 만두가 여러 경로를 통해서 유입된 연유라고 생각된다. 우리의 만두에 많은 영향을 준 중국도 흉노나 돌궐, 위구르, 몽고의 영향을 받아가며 발전한 음식이 만두이다. 만두는 이처럼 여러 민족과 직접 교류하며 받아들이거나 중국과의 교류를 통해 받아들여 만두의 명칭이나 모습이 무척 다양하고 혼재되어 있는데 이는 모두의 '선망의 음식'이었던 만두의 유입경로가 복잡함으로 인해 빚어진 일이다. 따라서 우리는 만두라는 큰 울타리 안에서 우리 만두의 역사를 살펴볼 필요가 있다.

고려시대

우리나라 최초의 만두에 대한 기록은《고려사(高麗史)》〈효우열전(孝友列傳)〉에서 보인다. 고려 명종 15년(1185) 때 귀화한 거란인 위초(尉貂)가 만두를 만들었다는 기록이다. 고려 충렬왕(忠烈王) 때 지어진 고려가요인

〈쌍화점(雙花店)〉에 만두의 일종인 쌍화가 등장하는데, 쌍화를 파는 쌍화점은 위구르인[回回人]이 운영하였다는 것을 내용을 통해 알 수 있다. 또《고려사》에는 충혜왕(忠惠王, 1343) 때에 내주(內廚)에 들어가서 만두를 훔쳐 먹은 도둑을 처벌한 기록이 있는 것으로 보아 만두는 고려시대 때 전래되었음을 추측할 수 있다.

불교의 영향으로 인해 육식을 금하던 고려는 몽고의 영향으로 고려 말 다시 육식으로 복귀하였는데, 이는 만두의 발달을 촉진시키게 되었다. 왕실과 민가에서는 쌍화와 육식만두를, 사찰에서는 산도(酸餡), 산함(酸餡), 채식혼돈(餛飩)으로 불리는 다양한 채식만두를 먹었다. 고려 최고의 권력자 최우(崔瑀, 1166~1249)는 병든 이규보(李奎報, 1169~1241)에게 술과 얼음 그리고 '혼돈(餛飩)'을 선물로 보낸다. 이규보가 최우에게 감사의 뜻을 전하는 시(詩)가 그의 시문집인《동국이상국집(東國李相國集)》에 실려 있다. 이규보의 시에 등장하는 혼돈(餛飩)은 둥근 모양의 만두를 말한다. 이색(李穡, 1328~1396)은《목은집(牧隱集)》에 관악산 신방사(新房寺) 스님으로 부터 눈처럼 하얗게 찐 만두를 대접 받고 "속인이 승려를 대접해야 하는데 승려가 속인에게 쌓인 눈처럼 하얀 만두를 접대 하다니 놀랄 일이다."라고 하였는데, 고려 후기 사찰만두가 상당한 수준에 도달해 있음을 이글을 통해 알 수 있다. 이색은 만두를 무척 좋아했는지 버섯을 넣고 찐 가을만두를 먹으러 충청도 양곡으로 놀러가고 싶다는 내용의 시를 그의 시집《목은시고(牧隱詩稿)》에 남겼다. 또《고려사》에는 고려의 가장 큰 행사인 팔관회(八關會)에서 세 번째 올리는 안주로 쌍화(雙花)를 기록하였으니 고려의 만두는 승려의 채식만두와 왕실과 민가의 육식만두로 각각 나누어져 발달했고 만두의 맛은 조선으로 이어지게 되었다.

조선시대

성리학(性理學)을 중시하던 조선시대에는 관혼상제(冠婚喪祭)와 손님접대에 만두가 빠지지 않았다. 주자(朱子, 1130~1200)가 관혼상제의 의례에 관한 내용을 모은《주자가례(朱子家禮)》에서 만두를 제사음식으로 지정하였기 때문이다. 당시 사대부들은《주자가례》를 의례의 절대적인 기준으로 삼았기 때문에 만두는 꼭 만들어야 하는 음식이었다. 조선시대 양반들은 입을 크게 벌리고 음식을 먹거나 음식을 자르는 일을 꺼려했다. 제사를 모

신 후 술을 음복할 때 점잖게 한 입에 먹을 수 있는 만두가 이런 조건을 갖추고 있었다. 만두에는 정성과 솜씨뿐 아니라 공경의 마음도 담겨 있는데 이는 조선이 추구하는 최고의 가치이다. 조선시대에 만두가 발달할 수밖에 없었던 가장 큰 이유이다. 따라서 조선시대는 우리 만두가 꽃피우고 열매를 맺은 '만두의 시대'라고 할 수 있다.

　　허균(許筠, 1569~1618)은 음식품평서인 《도문대작(屠門大嚼)》에서 "대만두(大饅頭)를 의주(義州)의 사람들이 중국 사람처럼 잘 만든다. 그 밖의 대만두는 모두 별로다"라고 하였다. 대만두에 대한 또 다른 기록은 한치윤(韓致齋, 1765~1765)의 《해동역사(海東繹史)》에 나온다. 사신 접대 상에 '대만두'라는 독특한 만두가 올랐는데, 한 대신(大臣)이 칼을 가지고 들어와서 큰 만두의 껍질을 갈랐다. 그 안에는 작은 만두가 가득 들어 있었는데, 크기가 호도(胡桃)만 하여 먹기에 아주 좋았다는 내용이 기록되어 있다.
조선 중기의 학자로 임진왜란(壬辰倭亂) 때 의병을 일으켰던 안방준(安邦俊, 1573~1654)이 쓴 당론서(黨論書)인 《혼정편록(混定編錄)》에 보면 정인홍(鄭仁弘, 1535~162)은 만두를 좋아하여 찾아가는 이들이 그에게 반드시 만두상

[饅頭盤]을 바쳤는데 이 때문에 탄핵을 받았다고 한다. 정인홍은 조식(曹植)의 적통제자로 임진왜란(壬辰倭亂)과 정유재란(丁酉再亂) 때 의병장으로 큰 공훈을 세우고 선조(宣祖) 때는 대사헌을 지냈다. 광해군(光海君) 즉위의 일등공신으로 영의정을 지냈으며 왕권강화를 위해 과격하고 강경한 주장을 굽히지 않아 왕의 절대적인 신임을 받았다. 인조반정(仁祖反正)으로 축출된 정인홍은 국문(鞠問)을 받고 88세의 나이에 참수 되었다. 그의 다섯 가지 죄목에는 임진왜란 때 의병을 일으켰다는 죄목도 들어 있었다. 정인홍은 당색이 지나치게 강하고 배타적이어서 정적을 많이 만든 탓에 정권을 잡은 서인에 의해 간신으로 윤색되었을 뿐 만두상을 받은 것과는 직접적인 관련이 없다. 안방준은 서인(西人)이고 정인홍은 북인(北人) 중에서도 강성(强性)인 대북파(大北派)의 수장이다. 다만, 만두를 좋아해 만두상을 거절하지 못했던 정인홍을 패륜 정치인으로 추락시키는데 만두가 일조를 한 것은 분명하다. 또한 정인홍을 찾아가는 사람들이 가져간 만두는 곡물로 피를 빚은 만두보다는 건복(乾鰒), 건치(乾雉) 등으로 만든 만두일 가능성이 높다. 평생 의(義)와 경(敬)을 쫓았던 강직한 정인홍도 만두 앞에서는 그저 범부(凡夫)였을 뿐이다. 정인홍을 죽인 인조는 전복만두를 좋아해서 세자가 새해에 세자빈(世子嬪)과 함께 동궁전(東宮殿)에서 전복만두를 만들어 새해문안을 올렸다는 기록이 있다. 두 역사적인 이야기를 통해 조선 중기에 이르러 우리의 만두의 완성도가 높았다는 사실을 확인할 수 있다. 만두를 상화(霜花)로 적지 않고 만두라는 용어로 처음 기록한 것은《영접도감(迎接都監) 의궤》(1643년)인데, 청나라 사신을 대접하기 위해 특별히 돼지고기, 표고버섯, 호두, 잣, 참기름, 식초를 넣어 만두를 만들었다는 기록이 전해진다.

조선말기가 되면 임오군란(壬午軍亂) 이후 서울에 주둔한 청나라 군대를 따라 들어온 청나라 사람이 운영하는 중국식 만두집이 서울에 생겼다. 도자기를 생산하던 사옹원(司饔院) 분원공소(分院貢所)의 공인(貢人)이었던 지규식(池圭植, 1891~1911)의《하재일기(荷齋日記)》에는 만두를 먹었다는 기록이 8번 나온다. 이 중 1897년 10월 27일 청나라 사람이 운영하는 음식과 차를 파는 다사(茶肆)에서 이영균(李永均)과 함께 만두 한 주발을 먹었다고 한다. 이 시기부터 "만두는 중국집에서"라는 시작점이 된다.

근대와 현대의 만두

　전쟁과 식민은 음식문화를 바꾼다. 임진왜란에 유입된 고추는 우리 음식에 큰 영향을 끼쳤다. 일제강점기 기간 동안 우리 음식문화는 크게 위축되고 왜곡되었다. 일본식 간장과 조미료의 사용으로 음식이 달큰해지고 조리법도 단출해졌다.

1951년 '1.4후퇴'로 인해 주로 피난민이 남쪽으로 대거 이동하면서 북쪽지역에서 발달하던 만두가 우리나라 전역에 확산되게 된다. 현재 우리가 먹고 있는 고기, 두부, 숙주, 배추김치를 넣은 만두는 개성을 중심으로 만들어지던 만두로 1.4후퇴 때 피난을 나온 실향민이 전파시킨다. 실향민들은 남쪽에 터를 잡기 위해 개성만두, 평양만두를 전문적으로 만두가게를 열게 되었고 중국집 만두와 함께 양대 축을 이루게 된다. 역시 실향민들에 의해서 차려진 북한 냉면집에서도 냉면의 허전함을 채워주는 만두를 냉면과 함께 팔기 시작하면서 만두는 냉면과 짝을 이루게 되었다. 실향민에 의한 만두의 전파는 우리 만두의 역사가 이어졌다는 점에서 의미가 크다. 그러나 북쪽의 특정지역 만두에 편중되어 우리 전통만두가 설 자리를 찾지 못하게 된 부작용을 낳기도 했다.

만두의 대중화는 1960년대의 정부가 추진한 '분식장려운동'에서 시작되었다. 6·25전쟁 이후 식량부족을 해결하고자 정부는 미국에서 원조하거나 저렴한 가격에 제공하는 밀가루 소비를 적극 권장하는 분식장려운동을 추진하였다. 화교들은 짜장면, 짬뽕, 만두 같은 대중적인 면음식을 내놓아 인기를 얻는다. 이렇게 중국집이 늘어나고 1963년에는 라면이 출시되면서 전국적으로 분식집이 급증했는데 라면이나 칼국수 같은 면 요리에 만두가 기본으로 추가되면서 만두는 냉면과 더불어 라면, 칼국수와도 짝을 이루게 되었다. 이후 만두는 분식집, 길거리에서 먹는 저렴한 음식, 중국집에서 서비스로 받는 음식으로 그 위상이 낮아졌다.

1987년 냉동 만두가 대량 생산이 시작되면서 35년 만에 냉동 만두 전성시대를 맞이하게 되었다. 치맥, 피맥에 이어서 만두와 함께 맥주를 마시는 '만맥'이 유행이다. 이는 만두의 품질 향상과 다양화와 고급화의 결과물이자, 역사적으로 안주로 만두를 많이 먹었던 우리의 전통이 되살아나고 있다는 의미도 담고 있다.

우리나라에 만두가 전래된 후 만두는 북부 지방을 중심으로 우리의 형편에 맞게 발달하였다. 북부 지방은 추운 기후로 인해 잡곡 재배가 대부분이라 쌀밥을 먹기가 힘들었다. 수수, 감자, 옥수수 전분 등으로 만두피를 만들고 쉽게 구할 수 있는 꿩고기로 소를 넣어 만두를 빚어 먹었다. 남부 지방은 밀이 귀하고 기후가 온난하기 때문에 빨리 상하는 만두를 잘 만들지 않았다. 따라서 북부 지방은 설에 만둣국을, 남부지방은 설에 떡국을 먹었다.

우리는 사시사철이 뚜렷하여 자연에서 다양한 식재를 얻을 수 있어 만두에 여러 가지 식재를 사용하였다. 밀가루가 귀했던 탓에 다양한 곡물로 만두피를 만들었고 만두소에 두부와 김치가 들어가면서 우리 고유의 맛과 향이 만들어지며 우리만의 만두 역사를 가지게 되었다.

중국만두가 세련미가 있다면 이렇듯 우리 만두는 그 모양과 맛이 편안하고 소탈하다. 두부가 들어간 우리 만두를 먹으면 "역시 우리 만두가 우리 입에는 딱 맞다."라는 생각이 절로 든다. 우리 만두는 채소와 두부의 비중이 높아 칼로리가 낮다는 것, 맛이 담백하여 국이나 탕, 전골 등 어떠한 국물 음식과도 조화를 잘 이룬다는 것도 우리 만두 문화의 특징이다.

사람과 만두

만두는 사람들이 모이는 잔치나 제사, 설날에 빠지지 않고 오르던 음식이었다. 이 외에도 살림살이가 넉넉한 집에서는 일손이 한가한 겨울철에 별미로 만두를 빚어 먹었다. 만두는 사람의 품이 많이 들어가기 때문에 가족이나 이웃이 동원되어야 한다. 만두소는 미리 해 두면 물기가 생기고 상하기 때문에 만두피와 비슷한 시간에 완성되어야 한다. 만두의 피도 미리 만들어 놓으면 마르거나 붙기 때문에 한쪽에서는 만두의 피를 만들고 한쪽에서는 만두를 빚었다. 만두가 어느 정도 만들어지면 만두가 설거나 너무 익어서 피가 딱딱해지지 않도록 주의하며 만두를 찐다. 만두를 꺼낼 때는 찬 물에 손을 담근 다음 만두를 꺼내는데 만두피가 찢어지지 않도록 집중해야 한다. 소 준비부터 쪄내는 것, 즉 반죽하고 찍어내고 만들고 쪄내는 과정이 거의 동시다발로 이루어지기 때문에 만두는 사람이 모여야 만들 수 있는 음식이다.

만두를 찌고 나면 만두를 식기 전에 먹으려는 마음에 서둘러 초간장을 만들고 만두를 접시에 담아 올린다. 사람들이 모이면 만두 접시는 금방 빈 접시가 되고 만다. 옹기종기 모여 만두를 빚는 일은 바쁘게 살아온 가족들 간의 화목을 다지고 마음을 나누는 의식과도 같았다. 사회가 빠르게 변화하면서 대가족이 모이는 일은 줄어들고 가족들이 둘러앉아 집안의 화목을 기원하며 만두를 빚는 문화도 이제는 점차 사라지고 만두를 빚던 추억은 더욱 소중해지고 있다. 만두에는 사람의 사랑, 웃음, 따뜻한 정이 담겨 있기에 우리의 만두가 단순히 맛있는 음식 이상의 의미를 지니고 있는 것이다.

만두의 기원을 바꾼 이야기

만두는 고대의 음식으로 긴 역사를 품은 탓에 많은 전설을 낳았다. 대부분의 음식에 얽힌 전설이 음식의 탄생에 등장하는데 만두도 그렇다. 중국의 만두가 가짓수도 많고 기교가 뛰어나기 때문에 중국에서 유래되었다고 생각한다. 이렇게 생각하게 된 이유는 만두 탄생에 관련된 이야기를 중국이 가지고 있기 때문이다. 중국이 만두의 발상지라는 믿음을 같게 한 두 가지의 설화를 소개한다.

첫째 이야기는 제갈량이 만두를 처음 만들었다는 이야기다.

동한(東漢) 시대에 제갈량이 남만(南蠻) 정벌을 마치고 돌아올 때 노수(瀘水)라는 큰 강을 건너야 하는데 갑자기 거센 풍랑이 일어 강을 건너지 못하게 되었다. 남만의 추장(酋長)이 수신(水神)이 노한 탓이라며 사람 99명을 제물로 하여 제사를 지내야 한다고 조언하였다. 부하의 희생을 용납할 수 없는 제갈량은 "사람이 신에게 정성을 들일 때 그 정성이 신의 마음을 움직이는 것이지 사람이 반드시 제물이어야 하는 까닭은 없지 않느냐"라고 말한 뒤 양과 돼지의 살을 잘게 다져 밀가루 반죽으로 싸서 사람의 머리 모양으로 만든 뒤 강물에 던져 제사를 지내자 수신이 노여움을 풀고 제갈량이 이끄는 대군은 무사히 강을 건널 수 있었다는 내용이다. 만두란 이름도 '오랑캐의 머리[蠻頭]'였다가 너무 끔찍해서 만두(饅頭)로 바꿨다는 것이다. 이 둥근 머리 모양의 만두는 포자의 한 종류인 고기만두다.

제갈량과 비슷한 시대인 한나라 말 의사 장중경(張仲景)의 이야기도 전해 내려온다. 장중경은 추운 겨울 가난한 백성이 추위에 귀가 동상에 걸려 고통을 받는 것을 보고 다진 양고기에 고추 등의 몸을 따뜻하게 하는 약재를 넣어 소를 만들었다. 사람들의 귀를 낫게 하고자 하는 소망을 담아 귀모양의 만두를 만들어 "당신은 귀 모양의 만두를 먹었으니 귀가 치유될 것이다"라는 말과 함께 육수와 함께 끓인 만둣국을 대접하였다. 뜨거운 만둣국을 먹은 사람들은 더 이상 귀가 얼지 않고 겨울을 지낼 수 있었다는 내용이다. 교자만두가 귀[耳]처럼 생긴 연유라고 한다. 두 이야기는 모두 만두가 사람의 생명을 구했다는 공통점을 담고 있다.

두 이야기와는 성격이 다르지만 제갈량과 비슷한 시대를 살았던 진 나라 하증(何曾)이라는 부자의 만두에 관한 이야기가 전한다. 하증은 까탈스러운 미식가로 만 냥을 들여 상을 차려도 먹을 것이 없다며 투덜거렸다. 《진서(晉書)》에서는 이런 하증을 별도의 열전(列傳)으로 기록할 정도다. 하증은 발효만두인 증병(蒸餠)을 먹을 때 끝이 열십자[十]로 갈라져 있지 않으면 손을 대지 않았다고 한다. 증병의 표면이 십자로 갈라지려면 숙성과 발효가 제대로 되고 적정 온도에서 쪘을 때만이 가능하다. 비슷한 시기의 세 가지 이야기는 허구냐 진실이냐를 떠나서 시간적으로 정확하게 일치하는 부분이 있다. 세 사람이 동시대를 살았다는 점인데, 삼국시대에 만두가 집중적으로 발달하였다는 사실을 이 이야기를 통해 확인할 수 있다. 이는 동북아시아의 생활문화사에 중요한 의미를 담고 있는 대목이다.

만두의 종류

만두피에 따른 분류

만두는 만두피의 재료, 소의 재료, 만든 모양새에 따라 나뉜다. 또 조리 방법에 따라 찐만두, 삶은 만두, 지진 만두, 군만두, 튀긴 만두, 탕만두로 불린다. 이런 연유로 부추군만두, 부추물만두처럼 속 재료와 조리법을 동시에 표현하는 이름을 갖기도 한다.

만두의 피에 따라 만두를 나누어 보면 밀가루로 만든 만두를 밀만두라고 한다. 만두피 중 밀만두를 최고로 친다. 다른 여타의 재료로 만든 만두는 밀가루가 귀해서 만들어진 일종의 구황만두라고 할 수 있다.

메밀만두는 메밀가루를 반죽하여 만든 만두다. 밀가루가 귀한 조선시대에는 우리나라에서 가장 많이 만두피로 사용하였다. 지금은 강원도 지역의 대표만두다. 건강한 만두피에 대한 관심이 높아지면서 메밀피를 사용한 만두가 인기를 끌고 있다.

굴림 만두는 만두를 피로 감싸지 않고 만두소로 완자를 만든 다음 밀가루에 굴려서 옷을 입히고 다시 얼음물에 담군 다음 다시 굴려서 밀가루 옷을 입히기를 2~3차례 반복하여 피를 만든 만두다.

어만두는 숭어, 민어 등 지방이 풍부한 생선살을 얇게 저며 소를 넣고 녹말을 입힌 후 물에 삶아 내는 만두다. 숭어 살과 비슷한 색을 가진 잣가루를 뿌려 먹는데 궁중이나 반가의 대표적인 만두다. 현대의 어만두는 생선의 살에 녹말을 섞어 만든 피를 사용한다. 전통만두를 현대에 맞게 변형한 좋은 사례. 기타 생선을 활용한 만두로는 생전복을 갈라서 그 안에 고기소를 채운 만두, 해삼에 고기를 넣은 만두, 준치의 살을 곱게 다진 다음 고기와 섞어 만든 준치만두도 있다. 또 북어껍질, 대구껍질 등으로 만두피를 하여 만든 만두도 있다.

채소피 만두는 곡물의 가루로 만든 피를 대신하여 배춧잎, 호박꽃, 옥잠화, 연잎, 연방, 동아 등을 만두피로 대신한 만두다. 전통적으로는 먹었지만 지금은 잘 먹지 않는 만두다. 숭채만두라고도 하는 배춧잎 만두는 만두피를 만드는 것보다는 쉽기 때문에 도전해 볼 수 있는 만두다. 김장김치를 물에 씻어서 배춧잎 대신 이용하면 김치를 소에 넣지 않아도 김치만두가 만들어진다. 호박꽃 만두는 이태리에서 널리 먹는 만두다. 꽃 만두 중 가장 대중화하기에 좋은 만두로 보통 만두에 한두 개 곁들여서 내면 만두에 대한 인식이 달라질 것 같다.

내장피 만두는 동물의 내장 안에 소를 넣어 찌는 만두로 보통은 소나 양의 위, 허파 등이 사용된다. 다른 방법으로 동물의 내장을 아주 잘게 다진 다음 녹말과 섞어서 피로 만든 다음 소를 넣는 방법이 있다. 우리나라에서도 만들지만 유목민족이 즐겨 만든다.

소의 재료에 따른 만두의 분류

소(蔬) 만두는 채소만으로 소를 만든 만두로 주로 산간지역이나 사찰에서 만들어 먹던 만두다. 현대는 채식만두라고 부른다. 봄과 여름철에는 나물이나 채소로 겨울에는 말린 나물을 사용하였다. 궁궐의 소만두는 한라산에서 자란 표고버섯을 다른 채소와 섞어 소를 만든 뒤 조개육수에 넣어 끓였다. 왕이 잠들기 전에 먹었다고 한다. 사찰음식이 인기를 끌면서 애호박, 오이, 표고, 무, 시래기 등으로 만든 채식만두가 인기를 끌고 있다.

꿩 만두는 조선시대에 만두의 소로 가장 많이 사용하던 식재료다. 함경도에서는 꿩고기를 맷돌에 갈아서 소를 만들었다.

생합만두는 조선시대 궁궐에서 먹던 만두로 생합의 살을 다져서 고기와 함께 섞어 소를 만든 후 녹말가루에 굴려서 익혀 먹었다. 또 다른 방법으로 생합의 껍질 안에 소를 넣고 밀가루를 뿌려 익힌 다음 황백지단, 석이, 고추 등의 고명을 올렸다.

김치 만두는 김치, 숙주, 두부, 고기 등을 넣어 만든 만두다 1800년 이후 의궤에 등장하는데 침채 만두라고 불렀다. 김치와 두부만으로도 김치만두를 만들기도 하였다.

모양에 따른 분류

병시(餅匙)는 궁중에서 만두를 빚는 방법이다. 둥근 피 위에 소를 올려놓고 반으로 접어 반달모양으로 만든 뒤 손으로 꾹꾹 눌러서 붙이는데 양쪽 끝에 구멍을 조금 남아 놓는다. 장국 물에 삶아 먹는 물만두의 일종이다.

보만두는 작게 만든 만두 여러 개를 보자기처럼 큰 만두피에 넣고 부리를 접어서 붙인 뒤 찌거나 삶은 뒤 껍질피를 벗긴 뒤 작은 만두를 먹는다.

난만두는 고기소에 표고버섯, 두부, 숙주, 미나리와 양념을 잘 넣은 뒤 잘 섞어 네모난 그릇에 담은 뒤 달걀 푼 것을 부은 뒤 고명을 얹은 뒤 쪄낸 만두로 주로 술안주로 먹었다.

편수는 개성지방의 여름만두로 더위를 가시게 하는데 좋은 오이로 넣어 만든다. 풍년을 기원하기 위해서 볏가마니 모양을 하고 있다. 네모모양의 반죽에 소고기, 오이, 호박, 버섯, 달걀, 잣을 넣고 삶아서 초간장을 찍어 먹기도 하고 국물을 부어 내기도 한다. 편수는 모양이 납작하고 네모나거나 각을 지고 있는데 만두가 상하는 것을 방지하기 위해서다.

변씨만두는 곡물의 피에 소를 얹고 다시 피로 덮은 다음 가위를 이용하여 삼각형 모양으로 잘라낸 만두다. 피가 뭉치지 않아 식감이 균일하고 삼각 모양이 세련미를 준다. 나중에는 편수처럼 네모 모양으로 변형되기도 하였다.

규아상은 해삼모양으로 해삼 만두라고도 불린다. 편수와 소가 비슷하며 편수와 같이 여름만두다. 조선시대에는 수라상에 올랐다.

석류만두는 만두의 모습이 마치 석류와 같아서 석류만두라고 한다. 장국에 넣어서 끓이면 석류탕이라고 한다. 석류 만두는 만두의 소가 보이도록 얇은 피를 사용해서 만들어야 한다.

개성만두는 만두를 반달모양으로 접은 다음 양쪽 끝을 붙여 아기의 모자 모양으로 만든다.

조리법에 따른 분류

지금은 만두를 조리하는 방법이 다양하지만 조선시대에는 만두를 찌거나 삶아서 먹었다. 만두를 삶은 뒤 건져서 초장에 찍어 먹는 만두로는 어만두와 준치만두가 대표적이다. 장국과 끓여먹는 만두로는 변씨만두가 대표적이고 뜨겁거나 차가운 장국에 먹는 만두는 편수가 대표적이다.

이밖에 만두를 살짝 찐 다음 기름에 전을 부치듯 지지는 지짐 만두와 만두를 기름에 튀기는 튀김 만두도 있는데 〈정조지〉의 조만두가 대표적이다. 숯불에 굽는 구운 만두도 있는데 수분이 제거되어 만두를 오래 보관할 수 있다.

계절에 따른 분류

사시사철 한두 종류의 만두를 먹는 지금에 비해 계절에 따라서 만두의 피나 속을 달리하여 먹었다는 것이 우리 만두의 큰 특징 중의 하나다. 봄과 초여름에는 부추만두를 여름에는 잘 상하지 않는 오이를 소로 하여 납작하게 빚은 편수를 냉국에 띄워 먹으로 더위를 식혔다. 규아상은 편수와 소는 비슷하고 모양만 다른 여름만두다. 궁중과 반가에서는 대표적인 여름 보양식인 민어로 빚은 어만두를 즐겨 먹었다. 여름에는 만두가 상하는 것을 방지하기 위해서 담쟁이 잎을 깔고 만두를 쪘다. 가을 만두로는 버섯 만두, 동아 만두, 숭채만두가 있고 겨울만두는 김치 만두, 굴 만두, 꿩 만두, 두부 만두가 있다.

고조리서와 문헌 속의 만두

고조리서는 전통음식의 나침판이다. 고조리서와 문헌 속에 등장하는 만두의 여정을 통해 우리 만두의 뿌리와 큰 줄기를 볼 수 있다.

만두의 조리방법에 대한 문헌적 고찰(복혜자) 논문(2008) 참조

연대	문헌	년도	저자	만두의 종류
1400~ 1500년대	산가요록(山家要錄)	1450	전순의	수규아, 어만두
	식료찬요(食療纂要)	1460	전순의	생강만두, 꿩만두
	용재총화(慵齋叢話)	1500	성현	대만두, 만두
	미암일기(眉巖日記)	1567~ 1577	유희춘	만두
	쇄미록(瑣尾錄)	1591~ 1599	오휘문	만두
1600년대	동의보감(東醫寶鑑)	1611	허준	치만두, 황자계만두
	도문대작(屠門大嚼)	1611	허균	대만두
	음식디미방(1670)	1670	장씨부인	메밀만두, 슈교의, 석류탕, 만두, 어만두
	요록(要錄)	1680년 경	찬자미상	목멘만두, 슈교아, 토란만두
1700년대	술만드는법	1700	찬자미상	변씨만두, 석류탕
	증보산림경제(增補山林經濟)	1766	유중림	어만두
	음식보(飮食譜)	1790	찬자미상	졈젼편, 쇼범벅, 교의상화
	원행을묘정리의궤(園幸乙卯整理儀軌)	1795	저자미상	골만두, 채만두, 어육만두, 생치만두, 생복만두
1800년대	주찬(酒饌)	1800년대 초엽	저자미상	양(소의 위)만두, 천엽만두, 어만두, 꿩만두
	규합총서(閨閤叢書)	1815	빙허각이씨	변씨만두
	술방문 (고대 규합총서)	1801	빙허각이씨	변씨만두
	열양세시기(洌陽歲時記)	1819	김매순	기교병, 기면병, 슈교의
	농정회요(農政會要)	1830	최한기	구병방(부추군만두)

	임원십육지 (林園十六志)	1840	서유구	숭채만두, 변씨만두, 치만두, 어만두, 평좌대만두, 박만두, 어포자, 압두자, 잡함두자, 해황두자, 산해두, 황작만두, 조만두, 하련두자, 연방어포, 녹하포차
	동국세시기 (東國歲時記)	1849	홍석모	편수, 만두, 멥쌀떡만두, 김치만두, 꿩고기만두, 변씨만두
	윤씨음식법 (尹氏飮食法)	1854	찬자미상	슈규아, 준시만두, 호두만두, 어만두, 전복만두, 건치만두, 제육만두
	정일당잡식	1856	찬자미상	난만두, 석류탕
	음식방문(飮食方文)	1860	찬자미상	생합만두, 어만두, 굴만두
	연세대본 규곤요람 (閨壺要覽)	1800말	찬자미상	만두
	술빚는법	1800말	찬자미상	변씨만두, 석류탕, 슈교의
	시의전서(是議全書)	1800말	찬자미상	만두, 어만두, 밀만두, 슈교의
1900년대	반찬등속(1913)	1913	찬자미상	비지만두
	만가필비(萬家必備) 조선요리제법 (朝鮮料理製法)	1917	방신영	만두, 어만두
	조선무쌍신식요리제법 (朝鮮無雙新式 料理製法)*	1920	이용기	유행만두, 배추만두, 어만두, 보쌈만두, 지진만두, 감자만두, 편수

* 조선무쌍신식요리제법(朝鮮無雙新式料理製法)에는 만두를 잘 만드는 법이 상세하게 설명되어 있다. 만두는 메밀가루와 밀가루로 만드는데 밀가루가 제일이라고 했다. 메밀가루는 끈기가 없으므로 익반죽을 하여 송편을 만들듯 구멍을 파서 소를 넣어야 한다. 반죽은 축축한 헝겊으로 덮어 두고 새 알크기 만큼 떼어서 번가루를 발라가며 얇게 밀어 붙지 않도록 녹말가루를 뿌려 소반이나 나무목판에 하나씩 둔다. 만두의 소는 넣는 것이 정해져 있지는 않다. 배추김치는 물에 대략 씻은 뒤 사용하는데 잎은 쓰지 않고 줄기만 사용하는 것이 좋다. 소에 들어가는 고기는, 돼지, 소, 오리. 닭. 참새, 메추라기 등 있는 대로 다져서 넣고 두부는 물기를 제거하고 다진 파와 기름 깨소금 잣을 넣고 모두 주물러 둔다. 두부는 배추김치의 1/3만 넣고 고기는 볶은 뒤 다져서 넣는다. 만두를 삶을 때에는 장국이 펄펄 끓어오르면 만두를 한 개씩만 넣고 뚜껑을 닫았다가 만두가 떠오르면 장국과 함께 그릇에 담아 낸 뒤 초장과 함께 낸다. 만두는 장국에 끓이는 것보다는 송편처럼 찌는 것이 제일이고 그 다음은 맹물에 삶아 내는 것이다.

간편조선요리제법 (簡便朝鮮料理製法)	1934	이석만	만두, 밀국수, 어만두
신영양요리법 (新營養料理法)	1934	이석만	밀만두, 메밀만두, 편수, 어만두
조선요리법 (朝鮮料理法)	1938	조자호	만두, 편수, 어만두, 두부만두
주부의동무조선 요리제법	1940	방신영	밀만두, 어만두, 모밀만두, 편수

고조리서의 전통만두는 만두피의 재료로 녹두 가루, 메밀가루, 호밀가루, 콩가루, 감자가루 등 다양한 곡물가루와 생선의 살과 생 전복, 생 대합, 육류로는 닭, 소고기, 돼지고기, 꿩, 소의 내장 등을 사용하였다. 또한 곡물을 대신한 채소 피로는 배추, 동아, 대파 등이 이용되었으며 호두나 잣 같은 견과류를 빻아서 건치나 건전복 같은 지방이 적은 만두소의 피로 사용하였다. 견과류피 만두는 부족하면 더해주고 지나치면 다른 주재료나 부재료를 활용하여 빼주어 영양과 맛의 균형을 갖추려는 선인들의 지혜가 담겨 있다.

소에 들어가는 채소류는 오이, 무, 표고, 미나리, 석이 등과 잣과 호두, 동아 등을 넣었다. 양념으로는 생강, 진피, 산초, 후추, 파, 기름, 간장, 식초를 넣었으며 1900년 대 들어서는 만두에 들깨가루가 사용되었다는 것도 눈 여겨 볼 사항이다.

가양주 문화의 발달로 술안주에 적합한 난만두, 천엽만두, 양만두 등 달걀이나 소의 내장이 곡물피를 대신하고 건전복이나 건치(乾雉, 꿩)를 피로 활용한 것도 조선시대 안주로서 만두가 가진 또 다른 모습이다.

조리법으로는 만두소에 들어가는 고기를 양념 한 뒤 다 익도록 볶거나, 반쯤 익도록 볶아서 사용하였다. 반대로 고기를 삶거나 볶아 곱게 다져서 양념한 뒤 사용하기도 하였다. 참새나 메추라기처럼 작은 조류로 만두소를 만들 때는 씹는 맛을 주기 위해 뼈를 잘게 다져서 살코기와 함께 섞기도 했다. 곡물의 피 못지않게 지방이 풍부한 숭어, 민어 등의 생선살을 활용한 어만두가 많은 것도 우리 전통만두의 특이점이다. 지금 만두소의 양념으로 사용되는 마늘대신 생강, 천초, 산초를 많이 사용한 것도 주목해서 볼 점이다. 지금 만두에 필수적으로 들어가는 두부는 많이 사용되지 않고 주로 꿩

만두에 들어갔는데 이는 꿩이 지방이 적어 잘 뭉쳐지지 않는 단점을 해결하기 위함이 아닌지 생각된다. 두부 대신 비지를 만두소로 사용하여 식감을 올리고 두부를 얻고 남은 비지의 활용도를 올린 점도 전통만두에서 배워야 할 점이다. 곡물의 피나 육류를 사용한 만두소에 식초를 넣어 냄새와 연육작용이라는 두 가지 효과를 얻은 것도 지금과는 다른 전통만두의 모습이다. 밀가루에 말린 생강가루와 산초를 넣어 피를 만들기도 하였다. 또한 넓은 피 위에 소를 올리고 피를 덮은 다음 굽는 3,500년 전 만두 초기의 모습이 조선시대에도 남아 있다는 점도 고조리서를 통해 확인할 수 있다. 지금처럼 고기만두, 김치만두와 같이 특정 만두를 먹기 보다는 다양한 만두가 공존하고 있었다는 점도 무척 놀라운 일이다. 어떤 만두도 사라지지 않고 수 백 년 동안 지켜지고 이어져 내려왔던 점은 우리 만두가 가진 저력이자 우리 만두의 밝은 미래가 밝은 이유이다.

우리 만두의 미래

가정간편식의 수요가 늘면서 냉동만두 시장이 급성장하고 있다. 만두를 올린 피자도 출시되어 인기를 끌었다. 냉장고, 전자레인지, 에어프라이어의 보급으로 냉동식품의 보관과 조리가 한층 편리해졌다. 새우만두, 치즈만두, 부추만두, 국내산 돼지고기를 사용한 만두 등 소비자를 만족시키는 만두가 속속 출시되고 있다. 《조선셰프 서유구의 만두 이야기》를 쓰면서 냉동만두, 만두집의 만두를 관심 있게 보게 된다. 혹시, 전통만두를 표방한 만두가 나왔는지 살펴보아도 전통만두라고 할 만 한 것은 메밀만두가 전부다. 중소기업에서 어만두를 출시했지만 대기업 만두에 밀려서인지 마트나 가게에서 구입하기가 어렵다.

중국만두는 소가 고기중심이지만 우리 만두는 고기, 두부, 채소가 적절한 비율로 들어 있어 영양학적으로 우수하다. 고기가 부족하여 두부나 채소를 많이 넣었던 것이 지금 각광을 받는 비결이 된 셈이다. 십여 년 전 중국인이 우리 만두에 두부가 들어가는 것이 너무 이상하다고 말했다. 나도 중국만두에 두부가 들어가지 않는다는 것이 이상하다고 말해주었다. 중국이 만두의 종주국이라는 자부심에서 나온 말이지만 음식은 그 지역의 환경을 정확하게 반영한다는 것을 모르고 하는 말인 것 같다.

냉동만두의 선전으로 세계음식문화의 각축장인 미국에서 우리 만두가 중국의 만두의 아성을 25년 만에 무너뜨렸다고 한다. 《조선셰프 서유구의 만두 이야기》를 쓰면서 연실(蓮實)을 넣은 만두, 꿩고기를 넣은 만두, 산나물로 만든 만두, 생선살로 만든 만두, 두부만을 넣은 만두, 술지게미에 발효시킨 만두, 견과류를 넣은 만두 등 수 많은 만두를 만들고 맛을 보았다. 모두가 멋진 만두지이만 마음이 가장 끌린 만두는 〈정조지〉에 나오는 봄만두 '산해두(山海兜)'였다. 산해두는 이름 그대로 산의 고사리, 죽순과 바다의 새우 살을 넣은 만두다. 고사리와 죽순 대신 다른 산나물을 넣어도 좋다. 새우 살을 빼면 산만두가 되면서 사찰만두가 된다. 사찰음식은 사람들에게 몸과 마음을 정화시키는 음식으로 알려져 있다. 우리도 그렇지만 외국인들이 우리의 사찰음식에 대해 호감을 가지고 있다. 시대의 화두가 건강, 힐링, 환경, 동물보호, 온실가스… 등 시대의 요구는 먹고 사는 음식에도 큰 영향을 미치고 있다. 이러한 시대적 배경 속에 자연스럽게 채식만두의 수요도 크게 늘어날 것이다. 우리의 토종 콩이나 녹두를 넣은 채식만두 등 평범한 식재료로도 이색적인 채식만두를 만들 수 있다. 식재료 고유의 맛을 살리기 위해서 마늘의 양을 줄이고 부족한 지방은 잣이나 호두 등의 견과류를 살짝 으깨어 넣는 것으로 대체하며 두부 외에 콩비지, 삶은 녹두를 넣어 식감을 살리는 것도 좋을 것 같다. 시대를 반영하여 안주에 적합한 만두를 늘리는 것도 만두문화를 풍성하게 하는 것도 우리 전통주 발전과 판매에 도움이 될 것 같다.

〈정조지〉 속의 만두

1장에는 〈정조지〉 권2 취류지류(炊餾之類) 중 구면지류(糗麪之類) 만두 편에 있는 15가지의 만두를 소개한다. 지금은 즐겨 먹지 않는 식재료로 만들어 낯설게 느껴질 수 있는 만두와 친숙한 만두가 혼재되어 있다. 15가지 만두 하나하나의 재료와 조리법을 살펴보면 만두피의 재료, 만두소, 조리법의 선정에 균형을 잡기 위해서 고심한 선생의 마음이 느껴진다. 즉, 우리에게 익숙한 만두는 제대로 만드는 방법과 함께 새로운 만두를 소개하는데 역점을 두고 있다. 선생이 〈정조지〉 만두 편에서 만두의 피는 채소, 꽃의 씨방, 물고기, 곡물, 분피 등으로 골고루 배치하였다. 중복되지 않고 비슷하지 않은 다채로운 재료와 조리법으로 1개의 만두 조리법으로 10개의 만두를 응용하여 빚을 수 있는 능력을 갖게 한다. 만두를 만들고자 하는 의지만 있다면 모든 자연물이 만두의 훌륭한 재료라는 것을 알려 주고 싶은 선생의 애민의 정신이 〈정조지〉 만두 편에 가득 담겨 있다.

만두에 대한 총론

서유구 선생님은 만두의 시작을 제갈량의 전설로 보신다. 과학적인 사유체계를 가진 선생이 전설에 의존하여 만두 총론을 시작하는 것이 의아하다. '정말이다! 이는 참으로 사물이 사람으로 인해서 소중해진 사례다'에서다. 곧 선생의 마음을 알아챘다. 선생님은 부하의 목숨을 소중하게 생각한 제갈량을 만두의 창시자로 믿고 싶으신 것이다. 밀의 최초의 재배지에서 만들어진 것이라 추측되는 만두보다 제갈량의 전설은 만두를 아름다운 음식으로 만든다. 선생님은 중국 사람들은 만두를 병(餠)의 종류로 보지만 우리는 병으로 보지 않는다고 한다. 병은 떡을 의미하기도 하지만 '병(餠)' 자가 처음 쓰인 초기에는 밀가루를 뭉친 음식을 뜻했다.

선생님은 대체로 만두는 밀가루 피로 싸서 만드는데 탕병(湯餠)이나 삭병(索餠)과 같은 것이라고 하였다. 탕병은 수제비를, 삭병은 국수를 뜻한다. 일단은 밀가루를 뭉쳐야 만두, 국수, 수제비를 만들 수 있으니 결국 세 가지 음식이 한 뿌리에서 나왔다는 것이다. 밀가루 반죽 덩어리가 어머니라면 만두, 수제비, 국수는 그 자식이 되는 셈이다. 따라서 서유구 선생님은 만두의 근원 즉, 만두의 뿌리를 밀가루 덩어리에서 찾는다. 선생님은 우리 만두의 근원을 밀가루 반죽을 뜻하는 병으로 보았고 중국 사람들은 만두를 떡을 뜻하는 병으로 보았다는 의미 즉, 우리와 만두의 개념이 달랐다는 것으로 생각하면 될 것 같다. 오신채(五辛菜)처럼 향이 강한 양념이나 채소인 훈채(葷菜)를 사용했는지, 오신채를 뺀 채소인 소채(素菜)의 사용여부와 국물이 있는지 없는지에 따라 피와 소를 다루는 방법이 다르다고 하였다. 이로 미루어 만두는 하나를 만들어서 장국에 넣어 먹기도 하고 그냥 쪄서 먹기도 하는 것이 아니라 용처(用處)에 따라 피의 종류나 두께를 달리하고 소의 양념을 달리한다는 것을 총론으로 알게 되었다.

만두는 제갈량(諸葛亮)이 노수(瀘水)의 신에게 제사지낸 일에서 시작되었다가 마침내 흔히 먹는 음식이 되어서 온 천하가 만두라고 일컫는다. 정말이다! 이는 참으로 사물이 사람으로 인해서 소중해진 사례였다.

중국 사람들은 만두를 병(餠)의 한 종류로 보지만 우리나라 사람들은 만두를 병이라고 하지 않는다. 만두는 손님을 접대하는 음식 중 밀가루음식으로는 최상의 자리를 차지한다. 훈채(葷菜)와 소채(素菜)를 쓰는지, 국물이 있는지 없는지에 따라 그 만드는 법이 같지 않다. 대체로 만두는 대부분 밀가루피로 싸서 만드는데, 또한 탕병(湯餠)이나 삭병(索餠)과 같은 종류이다. 《옹치잡지》

饅頭始自諸葛氏之祭瀘神, 遂爲日用食品, 溥天同稱. 信乎! 物以人重也.
華人視以餠品之一, 而東人則不謂之餠. 賓豆之羞, 另占麵食之上頭, 葷素,乾濕, 其制不一. 大抵多麵裹而成, 亦湯餠,索餠之朋儔也.《饔餼雜志》

숭채만두방

겨울의 재료 배추와 메밀

菘菜饅頭方

숭채만두방

절인 배추의 줄기·잎을 흐물흐물하게 다지고
두부·고기와 섞어 만두소를 만든다. 밀가루
나 메밀가루를 물로 반죽하고 주물러 잔주둥
이크기의 얇은 피를 만든 다음, 여기에 만두
소를 싸서 송편지짐떡[糙角餅] 모양으로 만든
다. 장국에 참기름·후춧가루 등의 양념을 넣
고 삶는다.《옹치잡지》

菘菜饅頭方

醃菹菘菜莖、葉擣爛、和豆腐、肉料爲餡. 溲麵或
蕎麥粉, 水搜捻作杯口大薄皮, 包餡作糙角餅樣.
醬湯下油、椒等物料, 烹之.《饔𩛿雜志》

재료

만두피 재료
메밀가루 200g, 강력분 60g,
뜨거운 물 130mL, 소금 2g

만두소 재료
돼지고기(살코기8: 비계2) 200g,
절인 배추 줄기 100g, 두부 50g, 대파 35g,
마늘 8g, 간장 10mL, 참기름 5mL, 소금 조금,
후춧가루 조금, 산촛가루 조금

장국 재료
물 500mL, 간장 40mL, 참기름 5mL,
소금 조금, 후춧가루 조금

만드는 방법

1 메밀가루는 강력분과 소금을 섞고 고운체로 내려 이물질을 제거하고 가
   루 사이사이에 공기를 넣어준다.

2 체 친 가루에 뜨거운 물을 넣고 여러번 치대서 한덩어리 반죽을 만든 뒤
   공기가 통하지 않게 덮어 냉장고에서 30분간 숙성시킨다.

3 숙성시킨 메밀 반죽을 적당량으로 나누어 밀대로 6~7cm 너비로 얇게
   밀어준 뒤 그 위에 만두소를 넣고 송편지짐떡 모양으로 감싼다.

4 장국이 끓으면 만두를 넣고 만두가 떠오를 때까지 삶아준다.

만두소 만드는 방법

1 만두소 재료인 돼지고기, 절인 배추 줄기, 대파, 마늘은 다져서 준비한다.

2 두부는 으깨서 물기를 제거한다.

3 다진 재료와 으깬 두부, 간장, 참기름, 소금, 후춧가루, 산촛가루를 넣
   어 여러 번 치대서 소를 만든다.

다양한 영양소 섭취와 겨울에도 채소를 먹기 위해 사람들은 겨울이 오기 전 일찍이 채소를 소금에 절여 놓아 장기간 상하지 않게 한다. 먹거리가 부족하던 시절 하얗게 절인 배추를 잘게 다져 고기와 섞어 만두소를 만드는데 배추의 아삭한 맛이 만두 속에서 고기와 어우러져 맛을 내고 또한 부족한 고기의 양에 채소를 넣어 줌으로써 양을 늘려주기도 하였다.

현재는 절인 배춧잎을 만두피로 사용해 화려하게 만들게 되었지만, 과거에는 장기간 보관이 가능한 절인 배추를 만두소로 넣고 만두피는 구황작물인 메밀가루로 반죽을 만들어 감싸 먹었다. 〈정조지〉를 참고하여 메밀가루를 피로 사용한 전통 숭채만두를 만들어 보았고,

시대가 지나며 새로운 모습을 보여주는 숭채만두도 선보인다.

배추를 옛말로 숭채라 부르며, 배추의 겉잎은 청채, 속은 백채라고 부른다. 메밀은 찬 성질을 가지고 있는데 메밀로 만두를 빚을 때 산촛가루를 넣어 줌으로써 산초의 따뜻한 성질이 메밀의 찬 성질을 완화해준다.

Tip
숭채만두는 삶아서 내는 만두로 만두소가 너무 질지 않도록 만들어준다.
메밀가루는 익반죽을 한 뒤 즉시 냉장고에 넣어 열을 식혀줘야만 메밀의 향과 맛을 잡아둘 수 있다.

변씨만두방

卞氏饅頭方

손을 대신해 가위로 빚는 만두

재료

만두피 재료
메밀가루 200g, 강력분 60g,
뜨거운 물 130mL, 소금 2g

만두소 재료
돼지고기 100g, 미나리 20g, 파 20g,
후춧가루 조금, 소금 조금

장국 재료
물 500mL, 간장 40mL, 참기름 5mL, 소금 조금,
후춧가루 조금

변씨만두방

메밀가루를 소금물과 뒤섞어 반죽한 다음 밀대로 밀어 사방 0.1척 크기의 매우 얇은 피를 만든다. 2개의 피로 하나의 만두소를 싼 다음 가위로 삼각형으로 자른다【만두소는 돼지고기·미나리·파·후춧가루 등의 재료를 쓴다】. 장국에 참기름·후춧가루 등의 양념을 넣고 삶는다. 옛날에 변씨(卞氏)가 이 만두의 맛을 잘 내어 변씨만두라고 이름 붙였다. 이는 또한 필라(饆饠)가 그러한 이름을 얻게 된 이유와 같다. 《옹치잡지》

菘菜饅頭方

蕎麥粉鹽水搜作劑, 捍開作薄薄方寸皮. 兩皮包一餡, 以剪刀裁作三角形【餡用猪肉、芹菜、蔥、椒等料】. 醬湯下油、椒等物料, 烹之. 古有卞氏, 善爲此味, 因以名之. 亦猶饆饠之得名也. 《饔饎雜志》

Tip

메밀가루는 글루텐이 없어 글루텐이
함유된 밀가루를 넣어주는데, 밀가루 종류
중 글루텐이 많이 함유된 강력분을 더해줘
메밀반죽에 점성을 만들어준다. 또 소금을
넣어줌으로써 찰기를 한층 더 증가시킨다.
이렇게 만든 반죽은 밀가루 양을 적게
넣어 메밀의 향을 더욱 더 잘 느낄 수 있고
반죽이 쫄깃하다.

만드는 방법

1 메밀가루는 강력분과 소금을 섞고 고운체로 내려 이물질을 제거하고 가루 사이사이에 공기를 넣어 준다.
2 체 친 가루에 뜨거운 물을 넣고 여러번 치대서 한 덩어리 반죽을 만든 뒤 공기가 통하지 않게 덮어 냉장고에서 30분간 숙성시킨다.
3 숙성된 반죽은 적당량으로 나눠 밀대로 얇게 민다.
4 만두피 한 장을 도마 위에 놓고 만두소를 올려준 뒤 만두피를 한 장 더 덮어 두 장을 겹치게 해주고 가위를 이용해 삼각형 모양으로 자른다.
5 장국이 끓으면 만두를 넣어 떠오를 때까지 삶는다.

만두소 만드는 방법

1 돼지고기와 대파는 다져서 준비한다.
2 미나리는 살짝 데치고 다진 뒤 물기를 제거한다.
3 다진 재료에 후춧가루, 소금으로 양념을 해서 섞는다.

〈정조지〉에 보면 '옛날에 변씨(卞氏)가 이 만두의 맛을 잘 내어 변씨만두라고 이름을 붙였다.'라고 기록되어 있다. 〈정조지〉뿐만이 아닌 서유구 선생의 형수인 빙허각 이씨가 쓴 《규합총서》에서도 변씨만두를 볼 수 있다. 《규합총서》에서는 편수의 변형된 모습이 변씨라 하였고, 10월부터 추위를 이기기 위해 먹는 시절음식 중 하나이다.

현대에 와서는 작고 예리한 가위들이 많지만 과거에는 대장간에서 쇠를 달궈 망치로 직접 두드려 가며 만든 투박하면서 큰 가위들이 즐비했다. 이렇게 투박하면서 큰 가위로 만두피 삼면을 자르게 되면 만두피에 가위 날의 면적이 닿는 부위가 커지게 되고, 자르면서 날의 옆면이 만두피 삼면 누르며 반죽을 붙여준다. 메밀로 만든 만두피는 점성이 부족해 소금과 뜨거운 물을 이용해 반죽의 찰기를 이끌어내며 접착력이 약해 만두피를 빚는 번거로움을 보완하기 위해 가위를 사용한다.

치만두방

꿩의 진한 육향을 담은 만두

雉饅頭方

치만두방

꿩의 뼈를 제거하고 살코기만 물에 삶았다가 건져 도마 위에 놓고 칼로 죽처럼 흐물흐물하게 다진다. 손으로 밀가루반죽을 주물러 얇은 피를 만든 다음 만두소를 싸서 송편지집떡[糙角餠]모양으로 만든다【소는 두부·꿩고기·채소·파·후춧가루 등의 재료를 쓴다】. 겉에 메밀가루를 묻힌 뒤 맹물에 삶아 꺼내고 초간장으로 조미하여 상에 올린다.《옹치잡지》

雉饅頭方

雉去骨, 取淨肉, 水煮, 撈起置俎案上, 以刀爛擣如糜, 手捻作薄皮, 包餡作糙角餠樣【餡用豆腐、肉、菜、蔥、椒等料】. 拌蕎麥粉, 白水煮出, 調醋醬供之.《饔饎雜志》

치만두의 '치(雉)' 자는 꿩을 뜻하며 꿩으로 빚은 만두라는 뜻이다.

현대에는 꿩을 즐겨먹지 않지만 우리나라에서는 닭보다 꿩을 훨씬 더 많이 즐겨 먹었던 때가 있었다. 과거 마을에서 가까운 뒷산만 가도 닭보다 흔하게 널려 있던 게 꿩이었다. 사람들은 단백질을 섭취하기 위해 산에 올라 꿩을 잡고, 양반들은 취미로 꿩사냥을 즐겨할 만큼 꿩이 흔했다. 시대가 바뀌면서 담백한 꿩보다는 풍미가 진한 닭을 즐겨먹게 되었다. 꿩은 집에서 기르기 어렵지만 닭은 사육이 용이하여 잡기 힘든 꿩 대신 닭을 널리 먹게 되었다.

꿩고기를 이용해 만두를 만들 때는 꿩의 살을 발라 칼로 곱게 다지거나 식감이 질긴 꿩을 부드럽게 먹기 위해 맷돌에 넣고 갈아 만두소로 사용하기도 한다.

꿩은 숫놈과 암놈의 맛에 차이가 있다. 숫놈인 장끼는 육향이 진하며 육질이 질겨 씹는 식감이 있는 반면 암놈인 까투리는 육향이 덜 하고 육질이 연해 누구나 부담스럽지 않게 먹을 수 있다. 암놈은 숫놈에 비해 훨씬 더 연한 육질과 육향을 가지고 있어 고기의 풍미를 느끼고 싶다면 숫놈으로, 부드러우며 육향이 은은한 만두를 원하면 암놈으로 하여 만두를 빚으면 된다.

재료

만두피 재료
밀가루 200g, 물 100mL,
메밀가루 30g(겉에 묻히는 용),
소금 2g

만두소 재료
꿩 200g, 두부 80g, 파 60g,
도라지 30g, 후춧가루 조금,
소금 조금

초간장 재료
간장 15mL, 물 15mL,
사과식초 15mL, 설탕 5mL

만드는 방법

1 밀가루는 소금을 섞고 고운체로 내린다.
2 체 친 가루에 뜨거운 물을 넣고 여러 번 치대서 한 덩어리 반죽을 만든 뒤 공기가 통하지 않게 덮어 냉장고에서 30분간 숙성시킨다.
3 숙성된 반죽은 적정량 분할하여 밀대로 얇게 민다.
4 만두피에 만두소를 넣고 송편지짐떡 모양으로 만든다.
5 만두 겉면에 메밀가루를 묻히고 물에 삶아주는데 만두가 떠오를 때까지 삶아주고 초간장을 곁들여 먹는다.

만두소 만드는 방법

1 꿩은 살을 발라 살코기만 삶아 칼로 곱게 다진다.
2 두부는 물기를 제거해서 으깨고, 대파는 다진다.
3 도라지는 껍질을 벗겨 얇게 편을 썰고 두드려 준 뒤 잘게 찢어 물에 담가 쓴맛을 제거하고 물기를 제거한다.
4 다진 꿩고기와 도라지, 두부, 파, 후춧가루 소금을 넣고 섞어 만두소를 만든다.

제1장 〈정조지〉 속의 만두

어만두방 魚饅頭方 조선의 화려함을 담은 고급 만두

어만두방

소고기·돼지고기·꿩고기·닭고기에 상관없이 아무 고기나 삶아 익혀서
잘게 저미고, 여기에 생강·후춧가루·버섯·석이버섯 등의 양념을 곱게 다
져서 섞는다. 적당량을 헤아려 기름과 간장을 넣은 다음 볶아내고 이를
주물러 이겨서 밤크기의 구슬을 만든다.

큰 숭어를 얇게 떠서 손바닥크기의 편을 내고, 앞서 만든 구슬을 숭어편
으로 싸서 송편모양으로 만든다. 겉에 녹둣가루를 입히고 조심스럽게 손
으로 끓는 물속에 넣는다. 익으면 건져내 식히고, 초간장을 끼얹고 잣가
루를 뿌려 상에 올린다. 다른 생선으로도 모두 만들 수 있으나 숭어로
만들 때의 맛만 못하다.《증보산림경제》

魚饅頭方

不論牛、猪、雉、鷄肉, 烹熟剉爛, 薑、椒、菌蕈、石耳等物料, 擣細和合. 量宜入
油、醬, 炒出揉捻, 作栗子大毬子.

將大鯔魚拖刀薄削作掌大片, 包毬子, 成松餅樣. 衣以綠豆粉, 愼手下滾湯中,
待熟, 取出放冷, 澆以醋醬, 糝海松子屑, 供之. 他魚皆可作, 而不如鯔魚之美
也.《增補山林經濟》

　　　　　　　　제1장 〈정조지〉 속의 만두

표준명	숭어	가숭어
이미지		
문헌명 〈전어지〉	가숭어	참숭어
방언	감숭어, 참숭어,보리숭어, 개숭어, 수어, 뚝다리	참숭어, 밀치, 언구
특징(눈)	흰색에 검은색 동공을 가지고 있으 며 동공이 가숭어보다 크다.	노란색에 검은색 동공을 가지고 있 으며 동공은 숭어에 비해 작다.
특징(꼬리)	꼬리가 날렵함.	꼬리가 완만하다.
몸길이	70cm	최대 120cm
무게	2.5kg	8kg
서식지	동해와 남해 및 전세계 분포	서해와 서남해, 극동아시아
양식	불가	가능
제철	겨울~봄	겨울
어란	10월 채취/ 일본, 대만, 지중해, 이탈리아	4~5월 채취/ 전라남도 남서쪽 지방

〈삶는 방식〉

재료

만두피 재료
가숭어 1마리, 녹두가루 50g

만두소 재료
꿩고기 400g, 생강 10g,
돼지기름 50g, 석이버섯 50g,
표고버섯 50g, 참기름 5mL,
간장 15mL, 후춧가루 조금

초간장 재료
식초 15mL, 물 15mL,
간장 15mL, 설탕 5g

고명 재료
잣가루

* 소고기, 닭고기, 꿩고기,
  돼지고기 모두 다 사용이 가능하다.
  꿩고기는 저지방으로 자칫하면
  퍽퍽 해질 수 있어 돼지기름을
  별도로 넣어주었다.

만드는 방법

1 큰 숭어를 왕 만두피 정도의 크기로 얇게 포를
  뜬다.

2 얇게 포를 뜬 숭어에 만두소를 넣고 테두리가
  터지지 않게 송편 모양으로 만든다.

3 겉면에 녹두 전분을 입힌 후 끓는 물에 삶아
  낸다.

4 삶아진 만두에 잣가루로 고명을 하고 초간장을
  같이 낸다.

만두소 만드는 방법

1 꿩고기는 한번 삶아 익힌 뒤 잘게 저민다.

2 생강, 석이버섯, 표고버섯은 곱게 다져서 참기
  름과 간장, 후춧가루를 넣고 볶아준다.

3 볶은 재료는 식혀준 뒤 갈은 돼지기름과 잘게
  저민 꿩고기를 넣고 주물러 섞어 작은 구슬 크
  기로 뭉쳐준다.

〈찌는 방식〉

어만두는 흰살생선을 얇게 저며 밀가루 대신 만두피로 사용하는 고급 만두다. 〈정조지〉에서는 흰살생선 중에서도 으뜸으로 치는 숭어를 사용해서 만드는 방법이 나오는데, 다른 생선보다 월등히 맛이 뛰어나서 숭어로 만들어 먹었다고 한다. 숭어의 종류는 잡히는 지역과 생김새에 따라 부르는 이름이 다르다. 가숭어, 숭어, 참숭어, 개숭어, 보리숭어, 밀치, 등줄숭어와 같이 다양한 이름으로 불리고 있다. 우리나라는 삼면이 바다인 나라다 보니 전 해안에서 지역에 따라 잡히는 숭어를 특별히 여기어 참숭어라 부르는 경향이 있다. '참'이란 뜻은 진짜[眞]라는 의미를 부여해 지역마다 참을 붙이게 되면서 숭어 종류를 구분하는데 있어 혼란을 가중시켰다. 숭어의 종류와 생김새에 대해 정리한 내용은 별도 첨부하였다.

여름 숭어는 개도 안 먹는다는 말이 있다. 겨울철이 지나고 날씨가 따뜻해지기 시작하는 계절이 다가오면 숭어에서 흙내가 나기 시작해 비위가 약한 사람들은 거부감이 있다. 추운 겨울 살 전체에 지방이 두툼히 쌓일 때쯤이 숭어의 제맛을 느끼기에 딱 좋은 시기이다. 숭어의 제철인 겨울이 되면 우리나라 연안에서는 숭어 잡기가 한창이다.

어만두를 만들기 위해 숭어를 구하러 부안지역을 찾았다.

한 상인분께 숭어를 구입하였고, 집에 가는 것도 잊은 채 숭어에 대한 이야기를 나누게 되었다. 토박이 상인분께서는 숭어는 김치랑 가장 잘 어울리는 생선이라고 말한다. 겨울철 숭어를 잡아 배에서 내리자마자 회를 쳐 김치와 같이 곁들여 먹는다고 한다. 이런저런 이야기를 나누던 중 말만 하는 것보다 먹어보라며 자신 있게 김치에 숭어를 감싸 주신다. 숭어에 기름기가 한참 오를 시기에 김치와 같이 곁들여 먹으니 왜 숭어가 김치와 어울리는지에 대한 이유를 알 것 같았다.

위와 같이 옛 음식의 식재를 직접 발로 뛰며 찾아다니다 보면 그 지역의 토착민들에게 다양한 이야기를 듣게 된다. 〈정조지〉를 집필한 서유구 선생도 책상에 앉아서 글로만 보는 것이 아닌 직접 두 손 두 발로 거친 경험을 겪음으로써 〈정조지〉라는 책이 나오지 않았나 싶다.

제1장 〈정조지〉 속의 만두

평좌대만두방

平坐大饅頭方

평좌대만두방

전체 분량마다 흰밀가루 2.5근을 쓴다. 먼저 술밑[酵] 1잔 정도를 넣는데, 밀가루 안에 작은 구덩이를 만들어 여기에 술밑을 붓고 1덩이의 부드러운 밀가루반죽을 만든다. 그 다음 마른 밀가루로 반죽을 덮어 따뜻한 곳에 둔다. 반죽이 부풀어오르면 반죽 주변 사방의 마른 밀가루에 따뜻한 물을 더하여 반죽과 섞고서 다시 마른 밀가루로 덮어둔다.

또 반죽이 부풀어오르면 다시 마른 밀가루에 따뜻한 물을 더하여 반죽과 섞는다. 겨울에는 뜨거운 물로 섞는다. 이때 반죽을 많이 주무를 필요는 없고 다시 잠깐 두었다가 주물러 반죽덩이가 되면 그쳐야 한다. 만약 너무 많이 주무르면 잘 부풀어오르지 않는다. 그 반죽덩이가 부드러워지도록 두었다가 부드러워지면 반죽을 밀어 만두피를 만들고 여기에 만두소를 싼다. 이어서 이들을 바람이 통하지 않는 곳에 늘어놓고 보자기로 덮어둔다. 덮어둔 만두의 밀가루가 제대로 숙성이 된 뒤에 대그릇 찜통에 넣고 익을 때까지 푹 찐다.

平坐大饅頭方

每十分, 用白麵二斤半. 先以酵一盞許, 於麵內跑一小窠, 傾入酵汁, 就和一塊軟麵, 乾麵覆之, 放溫煖處. 伺泛起, 將四邊乾麵加溫湯和, 就再覆之.

又伺泛起, 再添乾麵溫水和, 多用熱湯和, 就不須多揉, 再放片時, 揉成劑則已, 若揉搕則不肥泛. 其劑放軟, 捍作皮包餡子.

排在無風處, 以袱蓋. 伺麵性來, 然後入籠床上, 蒸熟爲度.

【고르게 치댄 만두소】: 전체 분량마다 양고기 2.5근(얇게 썰어 끓는 물에 넣고 살짝 데친 것), 실처럼 길게 썬 비계덩이[番脂] 0.5근, 생강 4냥, 진피 0.2냥(가늘게 썬 것), 소금 0.1승, 파 40줄기(가늘게 썰어 참기름에 볶은 것), 삶아 익힌 행인(살구속씨) 50개, 잣 2줌(잘게 부순 것)을 사용한다.

이상의 재료들을 고르게 섞어 싸는데, 큰 만두는 전체 분량의 1/10에 2개를 상에 올리고, 작은 만두는 전체 분량의 1/10에 4개를 상에 올린다.

【打拌餡】: 每十分, 用羊肉二斤半(薄切, 入滾湯略淖過)、縷切番脂半斤、生薑四兩、陳皮二錢(細切)、鹽一合、蔥四十莖(細切香油炒)、煮熟杏仁五十箇、松仁二握(剉碎).

右拌均包, 大者每分供二隻, 小者每分供四隻.

【돼지고기 만두소】: 돼지고기 1근마다 실처럼 길게 썰고, 여기에 양 비계 4냥(깍둑썰기 한 것), 귤피(말린 귤껍질) 1개(잘게 썬 것), 행인 10알, 산촛가루 0.1냥, 회향 가루 0.05냥, 파 10줄기(가늘게 썬 것), 참기름 2냥, 간장 1냥을 넣고 간다.

먼저 솥에 기름을 두르고 달군 다음 파와 간장을 넣고 볶는다. 따로 식초 0.2승을 넣고 밀가루 1술을 섞어 면견(麪牽)을 만들고 솥안에 부어 함께 푹 볶는다. 만들어 놓은 생만두소를 이곳에 밀가루와 함께 적당히 섞어 앞의 방법대로 피에다 싼다.

【猪肉餡】: 每斤縷切, 入羊脂四兩(骰塊切)、橘皮一箇(碎切)、杏仁十粒、椒末一錢、茴末半錢、蔥十莖(細切)、香油二兩、醬一兩擂.

先將油煉熟, 下蔥、醬炒. 另入醋二合調麪一匙, 作牽, 傾鍋內同炒熟. 與生餡調麪和得所, 依上包.

익힌 고운 만두소 : 껍질을 벗겨 익힌 돼지고기(실처럼 길게 썬 것), 익힌 죽순(실처럼 길게 썬 것)에 천초 가루 등의 양념을 더하여 앞의 방법대로 만든다. 고르게 치대서 맛이 적당해지면 눌러서 작은 덩어리를 만들어 만두피에 싼다.

熟細餡 : 去皮熟猪肉(縷切細)、熟筍(縷切細), 加川椒末物料同前製. 打拌滋味得所, 搦作小團包.

양위(胃) 만두소 : 양의 연한 위(胃) 3개, 연한 폐 1개, 양의 익힌 혀 5개(뜨거울 때 실처럼 길게 썬 것), 양생살코기 0.5근, 양비계 4냥(아주 가늘게 썬 것)에 파 15줄기, 식초 0.3승, 생강 4냥, 진피 2개, 산초·회향 각 0.1냥을 준비한다. 솥에 기름을 두르고 달구어 파를 볶다가 면견(麪牽)과 소금을 조금 넣는다. 위의 재료를 여기에 고르게 치대서 맛이 적당해지면 만두소로 사용한다.

羊肚餡 : 羊軟肚三箇、軟肺一箇、羊舌熟者五箇(乘熱縷切)、精生羊肉半斤、脂四兩(縷切), 用蔥十五莖、醋三合、生薑四兩、陳皮二片、椒·茴香各一錢. 煉熟油打炒蔥, 入麪牽, 鹽少許, 打拌滋味得所, 作餡用.

평좌소만두(平坐小饅頭)(생만두소를 쓴다)·연첨만두(撚尖饅頭)(생만두소를 쓴다)·와만두(臥饅頭)(생만두소를 쓴다. 봄 이전에 상에 올린다)·날화만두(捺花饅頭)(익힌 만두소를 쓴다)·수대구(壽帶龜)(익힌 만두소를 쓴다. 환갑잔치 때 상에 올린다)·구련만두(龜蓮饅頭)(위의 수대구와 같다)·춘견(春蠒)(익힌 만두소를 쓴다. 봄 이전에 상에 올린다)·하화만두(荷花饅頭)(익힌 만두소를 쓴다. 여름에 상에 올린다)·규화만두(葵花饅頭)(혼례나 여름에 상에 올린다)·구루만두(毬漏饅頭)(와만두를 만든 뒤 무늬를 찍는다)】

平坐小饅頭(生餡)、撚尖饅頭(生餡)、臥饅頭(生餡, 春前供)、捺花饅頭(熟餡)、壽帶龜(熟餡, 壽筵供)、龜蓮饅頭(同上)、春蠒(熟餡, 春前供)、荷花饅頭(熟餡, 夏月供)、葵花饅頭(喜筵, 夏供)、毬漏饅頭(臥饅頭後, 用脫子印)】

【안 이상의 여러 종류의 만두는 모두 비슷한 형태에 따라 이름을 얻었으나, 만드는 방법은 모두 평좌대만두와 같다】《거가필용》

【案 諸色饅頭皆以形似得名, 製法竝同】《居家必用》

재료

만두피 재료
밀가루 300g, 술밑 45mL,
따뜻한 물 130mL
(날씨에 따라 변동 됨)

Tip

만두를 찌기 전 밀가루가 제대로
숙성되었는지 확인하고 만두를
빚는다. 반죽을 손가락으로
눌렀을 때 다시 올라오는 탄력이
아기볼과 같으면 반죽이 잘 된
것이다.

만드는 방법

1 밀가루는 고운체로 체를 내리고, 술밑과 따뜻
한 물을 섞어 한 덩어리로 만든 뒤 반죽을 마른
밀가루로 덮어 따뜻한 곳에서 1시간 동안 1차
발효를 거친다.

2 반죽이 부풀어 오르면 반죽을 덮어둔 마른 밀
가루와 함께 따뜻한 물을 적당량 더하여 주물
러 다시 반죽을 한 덩어리로 만들어 40분 동안
2차 발효를 한다. 이때 반죽을 너무 오래 주무
르면 부풀지 않는다.

3 2차 발효한 반죽을 다시 한번 위 과정을 반복
하여 20분간 3차 발효를 한다.

4 반죽이 2배 정도 부풀어 오르면 주물러 부드러
운 반죽 덩어리가 되면 그치고 적당량 분할해
만두소를 감싸 모양을 만든다.

5 모양을 잡은 만두는 다시 한번 바람이 통하
지 않는 서늘한 곳에 놓고 젖은 보자기로 덮어
20분간 휴지한다.

6 물이 끓으면 찜기에 면보를 깔고 만두를 넣어
10분간 찐다.

만두소 재료와 만드는 방법 (4가지)

① 고르게 치댄 만두소

재료

양고기 150g(얇게 썰어 끓는 물에 넣고
살짝 데친 것), 양 비계 30g(실처럼 길게 썬
것), 다진 생강 15g, 진피 조금(가늘게 썬 것),
파 80g(가늘게 썰어 참기름에 볶은 것),
삶아 익힌 행인 5개, 소금 조금,
잣 10g(잘게 부순 것)

만두소 만드는 방법

1 양고기는 얇게 채 썰어 살짝 데쳐주
   고, 양 비계는 얇게 채친다.
2 진피는 가늘게 썰고, 파도 채 썰어
   참기름에 볶는다.
3 행인은 삶고, 잣은 고깔을 떼어 다
   진다.
4 만두소에 들어가는 재료들은 한데
   모아 섞는다.

② 돼지고기 만두소

재료

돼지고기 120g (실처럼 가늘게 썬 것),
양 비계 30g(깍둑 썬 것), 파 30g(가늘게
채 썬 것), 귤피 10g(말린 귤껍질 얇게 썬 것),
행인 2알, 산촛가루 1g, 회향 가루 1g,
참기름 15mL, 간장 15mL, 소금 조금,
면견(식초 70mL, 밀가루 10g)

만두소 만드는 방법

1 돼지고기는 실처럼 가늘게 썰어주
   고, 양 비계는 깍둑썰기를 한다.
2 파, 귤피도 가늘게 채 썰고, 행인은
   다진다.
3 돼지고기, 양 비계, 귤피, 행인, 산
   촛가루, 회향 가루, 소금을 넣고 만
   두소를 만든다.
4 솥에 참기름 1큰술을 두르고 달군
   다음 파, 간장을 넣어 볶다가 면견
   을 넣고 한동안 볶고 식혀 만두소에
   넣어 같이 섞는다.
* 농도가 묽으면 밀가루를 추가로 넣는다.

제1장 〈정조지〉 속의 만두

③ 익히 고운 만두소

재료

익힌 돼지고기 120g (실처럼 길게 썬 것),
익힌 죽순 60g (실처럼 길게 썬 것), 파 50g,
간장 15mL, 참기름 15mL, 면견*(식초 50mL,
밀가루 10g), 천초 가루 1g, 소금 조금

만두소 만드는 방법

1 익힌 돼지고기, 익힌 죽순은 실처럼
   가늘게 썰어 천초 가루, 소금 등 양
   념을 넣고 섞어 만두소를 만든다.

2 솥에 참기름을 두르고 달군 다음
   채 썬 파, 간장을 넣어 볶다가 면견
   을 솥안에 부어 다시 한번 볶고 식
   혀 만두소에 넣어 같이 섞는다.

* 면견(麵牽) : 재료와 향신료들이 서로 잘
   엉기도록 넣는 밀가루 물 등을 말한다.

④ 양위(羊胃) 만두소

재료

양의 연한 위 1개, 연한 폐 100g 1개,
양의 익힌 혀 2개(데쳐서 실처럼 길게 썬 것),
양 살코기 100g, 양 비계 50g(아주 가늘게
썬 것), 파 100g, 면견(식초 180mL,
밀가루 25g), 생강 50g, 진피 20g,
산초 1g, 회향 가루 1g, 소금 조금

만두소 만드는 방법

1 양의 위, 양의 폐, 양의 익힌 혀, 양
   살코기, 양 비계, 생강, 진피는 채를
   쳐서 산촛가루, 회향 가루와 섞어
   만두소를 만든다.

2 솥에 참기름을 두르고 파를 볶다가
   면견과 소금을 적당량 넣고 한동안
   볶아준 뒤 만두소 재료들과 함께 고
   르게 치댄다.

평좌대만두는 과거 상화병(霜花餠)이라 불리는 발효 만두 즉 현대의 찐빵과 같은 모습을 하고 있다. 현재의 발효찐빵은 대부분 팥소를 넣어 만들고 있다. 조선에 처음 들어온 상화는 원래는 만두소가 없이 빵만 있는 형태인데, 시간이 지나며 심심한 맛을 달래기 위해 각 지역별, 입맛에 따라 상화에 다양한 소를 넣게 되면서 만두가 발전하게 되었다. 서유구 선생이 저술하신 〈정조지〉 속 평좌대만두는 4가지의 소를 대표적으로 기록하였다.

'고르게 치댄 만두소', '돼지고기 만두소', '익히 고운 만두소', '양 위 만두소'처럼 만두에 들어가는 소는 취향에 따라 다양하게 만들어 먹을 수 있다. 만두소가 다양한 만큼 불리는 이름도 다양했다. 평좌소만두(平坐小饅頭), 연첨만두(撚尖饅頭), 와만두(臥饅頭), 날화만두(捺花饅頭), 수대구(壽帶龜), 구련만두(龜蓮饅頭), 춘견(春蠒), 하화만두(荷花饅頭), 규화만두(葵花饅頭), 구루만두(毬漏饅頭)처럼 만두는 모두 형태에 따라 각각 다른 이름을 얻었으나, 만드는 방법은 모두 평좌대만두와 같다.

평좌대만두는 조선시대 쌍화점의 만두인 상화의 기본 반죽 법이다. 밀가루에 술밑을 부어 발효를 시키는데 표면이 마르는 것을 방지하면서 찬바람을 막아 발효가 원활히 이루어질 수 있도록 술밑과 밀가루를 섞은 반죽 덩어리를 마른 밀가루로 덮어 이불 역할을 해 온도가 급격히 떨어지지 않도록 방지해 준다.

지금은 온도와 습도를 조절할 수 있는 발효기가 있지만, 과거에는 위와 같이 하여 마른 밀가루의 역할은 온도를 보존하고, 수분이 날라가지 않게 방지하였다.

평좌대만두의 피는 화학첨가물을 넣지 않고 옛 방식 그대로 만든 술밑을 첨가해 깊고 진한 술향기를 품고 있다. 옛날 방식의 술빵 느낌을 지니고 있어 부드러운 식감과 술밑에 들어있는 좋은 균들이 만두 반죽에 그대로 퍼져 나가 발효된 만두피로 만두를 빚어 먹으면 뱃속을 편하게 해준다.

제1장 〈정조지〉 속의 만두

박만두방
薄饅頭方

엉망진창 콩가루의 새로운 모습을 보여주는

박만두방

일반적으로 박만두를 만들 경우, 수정각아(水晶角兒. 피가 투명하면서 각진 모양의 만두)·포자(包子. 둥근 모양의 만두) 등의 피는 모두 흰밀가루 1.5근을 끓는 물에 조금씩 뿌려 넣으면서 쉬지 않고 휘저어 반죽이 걸쭉한 풀처럼 되도록 우선 만든다. 이 반죽을 10~20개의 덩이로 떼어내고 눈처럼 흰 색깔이 될 때까지 냉수 속에 담가두었다가 꺼내어 밀판 위에 펴서 물기를 뺀다.

여기에 고운 콩가루 13냥(13/16근)을 뒤섞어 반죽한다. 다시 콩가루를 번가루로 한 다음 치대서 피를 만든 뒤 만두소를 싼다. 이를 대그릇에 얹어 센 불로 푹 찌면서 물을 두 차례 끼얹고서야 부뚜막에서 내려놓는다. 상에 올릴 때는 다시 여기에 물을 조금 뿌린 다음 바로 상에 올린다. 만두소는 일반적인 만두의 생만두소와 같다. 《거가필용》

薄饅頭方

凡作薄饅頭, 水晶角兒、包子等皮, 皆用白麵斤半, 滾湯逐旋糝下麵, 不住手攪作稠糊. 挑作一二十塊, 於冷水內浸至雪白, 取在案上攤去水.

以細豆粉十三兩和搜作劑, 再以豆粉作粆, 打作皮包餡, 上籠緊火蒸熟, 灑兩次水, 方可下竈, 臨供時, 再灑些水便供. 餡與饅頭生餡同.《居家必用》

제1장 〈정조지〉 속의 만두

현대의 조리법이라고만 생각했던 방법이 조선시대에도 사용했던 점은 무척 놀랍고 대단한 일이다.

콩가루는 반죽을 하였을 때 다른 가루와 잘 결합되지 않는다. 콩가루에는 반죽을 찰 지게 만들어 주는 글루텐이 들어있지 않기 때문이다. 그래서 재 밌는 말로 남들과 잘 섞이지 않고 각자 따로따로 논다고 해서 콩가루 집안 이라는 말이 나왔을 정도로 콩가루 반죽은 만만치 않다.

박만두의 만두피를 만드는 과정 중 밀가루 반죽을 냉수에 담가 놓는 과 정이 있다. 이 과정은 현대의 고단백 저지방으로 알려진 비건 밀고기를 만드는 요리 방식 중 하나인 세이탄(Seitan)방식과 같다. 밀가루에 소량의 물을 더해 반죽하여 덩어리를 만든 다음, 물속에서 주무르면 녹말이 물 속에 현탁하여 제거되고 점착성이 있는 덩어리가 남는데 이것이 바로 글루텐이다. 글루텐 덩어리는 단백질 그 자체인데, 글루텐은 고단백이라는 장점이 있는 반면 소화력이 떨어진다는 단점이 있다.

하지만 놀랍게도 〈정조지〉에는 글루텐 덩어리에 콩가루를 섞어 반죽하라고 하였는데 소화력이 떨어지는 글루텐 반죽에 콩가루를 넣으면, 콩가루의 식이섬유와 글루텐을 분해시키는 트립신(Trypsin) 성분이 소화를 돕게되니, 우리 전통음식의 과학성에 다시 한번 놀라움을 감출 수 없다.

재료

만두피 재료
밀가루 300g, 콩가루 162.5g,
뜨거운 물 240mL,
콩가루 30g(덧가루용)

만두소 재료
돼지고기 200g
(살코기7 : 돼지비계3),
물기 제거한 두부 50g,
대파 35g, 송이버섯 20g, 숙주 40g,
마늘 8g, 간장 20mL, 참기름 5mL,
소금 조금, 후춧가루 조금

* 대그릇 : 대나무로 만든
  그릇으로 구멍이 뚫려 있는
  것을 말한다.

만드는 방법

1 밀가루를 끓는 물에 조금씩 뿌려 넣으면서 쉬지
   않고 휘저어 걸쭉한 풀과 같이 반죽을 만든다.

2 이 반죽을 작은 덩이로 떼어내고 물에 담가둔다.

3 물에 담긴 반죽이 어느 정도 불었으면 손으로
   주물러 밀녹말을 빼낸다.

4 밀녹말이 물에 녹고 글루텐만 남은 상태에서 채
   반에 받쳐 물기를 제거한다.

5 글루텐 반죽에 콩가루를 섞어 한 덩이로 만든다.

6 반죽이 완성되면 적당량 분할해서 밀대로 밀어
   만두피를 만든다.

7 준비된 만두소를 감싸 반으로 접어 대그릇에
   얹어준다.

8 물이 끓기 시작하면 찜기에 대그릇을 얹고 센
   불에서 10분정도 푹 찌면서 중간 중간에 물을
   두 차례 끼얹는다.

9 상에 올릴 때는 다시 만두에 뜨거운 물을 조금
   뿌린 다음 바로 상에 올린다.

만두소 만드는 방법

1 돼지고기, 마늘, 대파, 송이버섯은 모두 잘게 다
   진다.

2 숙주는 살짝 데쳐 면보로 물기를 제거해서 다
   진다.

3 두부는 으깨고 물기를 제거한다.

4 다진 재료에 으깬 두부, 숙주, 간장, 참기름, 소
   금, 후춧가루를 넣고 치댄다.

오래 오래 장수를 기원하는 보양식

어포자방

전체 분량마다 생선살 5근【잉어·쏘가리 모두
괜찮다】(버들잎모양으로 썬 것), 양비계 10냥(깍
둑썰기 한 것), 돼지허구리살 8냥(버들잎모양으로
썬 것), 소금·간장 각 2냥, 귤피 2개(가늘게 썬
것), 파 채 15줄기(참기름에 파를 볶은 것), 익힌
생강 채 1냥, 천초 가루 0.5냥, 세료물(細料物)
1냥, 후춧가루 0.5냥, 행인 30알(곱게 간 것), 식
초 0.1승을 준비한다. 면견(麵牽)은 다른 만두
와 같다.《거가필용》

魚包子方

每十分, 淨魚五斤【鯉、鱖皆可】(柳葉切.)、羊脂十
兩(骰塊切)、猪膁八兩(柳葉切)、鹽·醬各二兩、橘
皮二箇(細切)、蔥絲十五莖(香油炒)、熟薑絲一兩、
川椒末半兩、細料物一兩、胡椒半兩、杏仁三十粒
(研細)、醋一合. 麵牽同.《居家必用》

제1장 〈정조지〉 속의 만두

재료

만두피 재료
중력분 220g, 강력분 80g,
생막걸리 180mL, 소금 2g,
설탕 20g

만두소 재료
잉어 300g(버들잎모양으로 썬 것),
양 비계 37.5g(깍둑썰기 한 것),
돼지허구리살* 30g
(버들잎모양으로 썬 것),
소금 3g, 간장 7.5mL,
세료물 가루* 4g, 파 채
1줄기(참기름에 파를 볶은 것),
익힌 생강 채 4g, 행인 3알
(곱게 간 것), 천초 가루 1g,
귤피 3g(가늘게 썬 것),
후춧가루 조금, 식초 조금,
면견(식초 30mL, 밀가루 150g)

만드는 방법

1 중력분과 강력분은 섞어 체를 쳐준 뒤 생막걸리, 소금, 설탕을 넣어 반죽한다.

2 치댄 반죽은 물기가 마르지 않도록 젖은 면보로 덮어 2시간 정도 따뜻한 곳에서 발효시킨다.

3 발효된 반죽은 주물러 공기를 살짝 빼고 적당량 분할해 밀대로 밀어 만두소를 넣어 모양을 잡는다.

4 물이 팔팔 끓을 때 만두를 찜기에 넣고 12분간 찐다.

만두소 만드는 방법

1 잉어와 돼지허구리살은 버들잎모양으로 썰고 양 비계는 깍둑썰기를 한다.

2 잉어, 양 비계, 돼지 허구리살, 파 채, 익힌 생강 채, 귤피, 행인, 천초 가루, 소금, 간장, 세료물 가루, 식초, 후춧가루를 넣고 면견을 섞어준다.

* 돼지허구리살 : 돼지 허리 좌우의 갈비뼈 아랫부분으로 삼겹살 부위이다.

* 세료물(細料物) : 천연 식물 향신료를 곱게 갈아 놓은 조미료로 진피(陳皮)·사인(砂仁)·홍두(紅豆)·행인(杏仁)·감초(甘草)·시라(蒔蘿)·회향(茴香)·화초(花椒) 등의 재료를 곱게 간 것. 어포자방은 〈정조지〉에 기록된 대로 만들어 사용하였지만 사실 그 배합이 정확하게 정해진 바는 없으며 다양한 향신료를 각자의 취향에 맞게 배합하여 만드는 것으로 음식을 만드는 사람의 특별한 조미료이다.

Tip

발효반죽은 반죽을 들었을 때 거미줄처럼 실이 많이 생기면 발효가 잘 된 것이다.

민물고기의 왕이라고 불리는 잉어는 조선시대에 보양식으로 즐겨 먹던
생선으로 《동의보감》에서도 잉어의 효능을 뛰어나게 평가하여 기록하였
으며 기를 보강하기 위해 약용으로 가장 많이 쓰였던 생선이다. 잉어는
임금의 보양식으로도 자주 올랐는데 푹 고아서 잉어곰탕이나, 잉어즙을
내어 먹었을 만큼 예로부터 자양강장과 약용식품으로 뛰어난 식재로 알
려졌다.

조선시대 궁중의학에서는 임신을 하였을 때나, 몸이 허할 때 산모의 기력
보충과 산후부종을 예방하기 위해 많이 먹었을 만큼 잉어의 효능은 과거
에서부터 널리 알려졌다.

어포자방의 만두피는 현재의 찐빵과 유사한 조선시대의 상화병과 같으며
만두소에는 민물고기를 사용하였다.

만두를 만들면서도 잉어로 만드는 만두는 무슨 맛이 날지 무척 궁금했
다. 어포자를 만들어 한입 먹었을 때는 민물고기 특유의 흙내가 입안에
돌았지만, 이내 향신료들의 향이 은은하게 돌아 흙내가 점차 덜 느껴지게
된다.

제1장 〈정조지〉 속의 만두

아두자방
鵝兜子方

날기 위한 만두

재료

만두피 재료
밀가루 200g, 물 100mL, 소금 2g

만두소 재료
닭의 익힌 살코기 187.5g(실처럼 길게 썬 것),
돼지 허구리살 37.5g(실처럼 길게썬 것),
양 비계 75g(깍둑썰기), 파 채 37.5g,
생강 채 37.5g, 귤피 채 37.5g, 소금 7.5g,
간장 7.5g, 술 30mL, 식초 30mL,
천초 1g, 행인 10알, 세료물 가루 2g,
면견(식초 30mL, 밀가루 15g) 조금

아두자방

야생오리·야생닭도 모두 괜찮다. 만두 10개당 거위의 익힌 살코기 5냥(실처럼 길게 썬 것), 돼지허구리살 1냥(실처럼 길게 썬 것), 양비계 2냥(깍둑썰기 한 것), 파 채·생강 채·귤피 채 각 1냥, 천초·행인·세료물 조금, 소금·간장 각 0.2냥, 술·식초 각 0.1승을 준비한다. 면견(麵牽)은 다른 만두와 같다. 《거가필용》

鵝兜子方

野鴨、野鷄皆可. 每十隻, 用熟鵝淨肉半斤(縷切)、猪膴一兩(縷切)、羊脂二兩(骰塊切)、蔥·薑·橘絲共一兩, 川椒·杏仁·細料物少許、鹽·醬各二錢、酒·醋一合. 麵牽同.《居家必用》

만드는 방법

1 밀가루는 소금을 섞고 고운체로 내린다.

2 채 친 가루에 물을 넣고 여러 번 치대서 한 덩어리 반죽을 만든 뒤 공
   기가 통하지 않게 덮어 냉장고에서 1시간 숙성시킨다.

3 숙성된 밀가루 반죽을 적당량 분할하여 밀대로 얇게 민다.

4 만두피에 만두소를 넣고 모양을 잡는다.

5 찜기의 물이 끓으면 만두를 넣고 8분간 찐다.

만두소 만드는 방법

1 닭고기와 돼지 허구리살은 실처럼 길게 썬다.

2 길고 얇게 썬 닭고기는 끓는 물에 데친다.

3 양 비계는 깍둑썰기하여 준비하고 파, 생강, 귤피는 채를 썬다.

4 행인은 잘게 부수고, 천초는 절구에 찧어준다.

5 닭고기, 돼지 허구리살, 양 비계, 파 채, 생강 채, 귤피 채, 행인, 세료
   물 가루, 소금, 술, 식초, 천초를 넣고 섞어주는데 농도에 따라 면견을
   넣는다.

아두자(鵝兜子)는 야생에서 자라는 조류를 재료로 하여 만드는 음식이다
보니 지금 우리가 먹는 닭과 오리에 비해 잡내가 많이 난다. 아두자방의
재료를 보면 다른 만두에 비해 향신료의 양이 훨씬 많은데, 아두자방을
복원하면서 원전의 향신료의 양을 현대에 맞게 계량해 기재하였다.
현대에 와서는 야생의 조류를 사용해 음식을 만드는 일이 거의 없고, 사
료를 먹이다 보니 고기에서 나는 잡내가 덜하다. 그래서 원전에 기록된 재
료의 양을 그대로 사용하게 되면 아무래도 향이 강해 반감을 줄 수 있으
니 만두를 만들어 먹을 때는 향신료의 양을 줄여서 만드는 것을 권한다.
만두에는 "만두를 먹는 것이 곧 복(福)을 먹는 것이다"라는 의미를 담고
있다. 야생에서 자라는 닭과 오리를 사용해 만두를 빚은 아두자는 만두
소를 만두피로 감싸 복을 날려 보내지 않고 복을 먹어 몸속에 담아두겠
다는 재밌는 뜻을 담고 있다.

잡함두자방

雜餡兜子方

여러 부위가 합심해 새로운 맛을 내는

잡함두자방

만두 10개당 양의 익힌 폐 2냥, 양의 익힌 위 5냥, 익힌 대장(大腸) 2냥(뜨거운 채로 실처럼 길게 썬 것), 양비계 1냥(깍둑썰기 한 것), 돼지허구리살 2냥(실처럼 길게 썬 것), 참기름에 볶은 파 채 1냥, 세료물 0.2냥, 행인·천초 각각 조금, 소금·간장 0.4냥, 술 0.05승, 식초 1홉, 생강 채·귤피 채 조금을 준비한다. 면견(麵牽)은 다른 만두와 같다. 《거가필용》

雜餡兜子方

每十隻, 熟羊肺二兩、熟羊肚五兩、熟白腸二兩 (乘熱縷切)、羊脂一兩(骰塊切)、猪膁二兩(縷切)、 香油炒蔥絲一兩、細料物二錢、杏仁·川椒各少許、 鹽·醬四錢、酒半合、醋一合、薑·橘絲少許. 麵牽 同.《居家必用》

제1장 〈정조지〉 속의 만두

재료

만두피 재료
밀가루 300g, 생막걸리 90mL,
소금 2g, 설탕 20g, 따뜻한 물 50mL,
이스트 5g, 식용유 15mL,
베이킹파우더 1g

만두소 재료
양의 익힌 폐 75g, 양의 익힌 위 187.5g,
익힌 대장(뜨거운 채로 실처럼 길게 썬 것) 75g,
양 비계(깍둑썰기) 37.5g,
돼지허구리살(실처럼 길게 썬 것) 75g,
참기름에 볶은 파 채 37.5g, 세료물 가루 7g,
식초 90mL, 술 45mL, 간장 14mL,
행인 10알, 귤피 채 조금, 생강 채 조금,
천초 조금, 소금 조금,
면견(식초 30mL, 밀가루 15g)

만드는 방법

1 밀가루에 소금과 베이킹파우더를 섞고 고운체로 내린다.

2 따뜻한 물에 이스트, 설탕을 미리 풀어준다.

3 채 친 가루에 생막걸리와 따뜻한 물, 식용유를 넣고 한 덩어리로 반죽
  을 만든 뒤 실온에 공기가 통하지 않게 덮어 2시간 정도 발효시킨다.

4 발효된 반죽은 주물러 공기를 살짝 빼고 적당량 분할해 밀대로 밀어
  만두소를 넣고 모양을 잡는다.

5 물이 팔팔 끓을 때 만두를 찜기에 넣고 12분간 찐다.

만두소 만드는 방법

1 행인은 잘게 부수고, 천초는 절구에 찧어준다.

2 만두소에 들어가는 재료들은 한데 넣고 섞는데 이때 농도는 면견을 넣
  어 재료들끼리 어우러지게 한다.

잡함두자(雜餡兜子), 여러 재료가 섞인다는 뜻으로 양의 부속물 만두라고도 한다. 양의 폐, 양의 위, 양의 비계와 대장, 돼지의 부드러운 부위 중 하나인 배쪽의 허구리살을 섞어 만두소를 빚는다. 양은 특유의 냄새가 강한 동물 중 하나다. 우리 민족은 양을 식량이 아니라 털을 얻기 위해 길렀기 때문에 양을 즐겨먹는 유목민들은 양의 특유의 노린내를 구수하다고 느껴 즐겨먹지만, 유목 활동을 하지 않아 양을 즐겨먹지 않았던 우리 민족은 양의 노린내에 익숙하지 않았을 것이다. 그러므로 잡함두자의 재료들을 보면 유달리 향신료가 다른 만두에 비해 많이 들어가는 것으로 보인다. 세료물 가루, 귤피 채, 생강 채, 술과 육류의 이취를 제거하면서도 만두의 산뜻한 맛을 주는 식초가 꽤 많은 양이 들어간다.

잡함두자는 현대의 왕만두와 비슷하고 효모를 넣어 발효시키는 발효 만두 중 하나이다. 발효 만두의 장점은 쉽게 상하지 않는다는 것인데 만두소에 들어간 식초와 천초가 만두의 변질을 막아주는 방부제 역할도 해줘 보관이 편리하다.

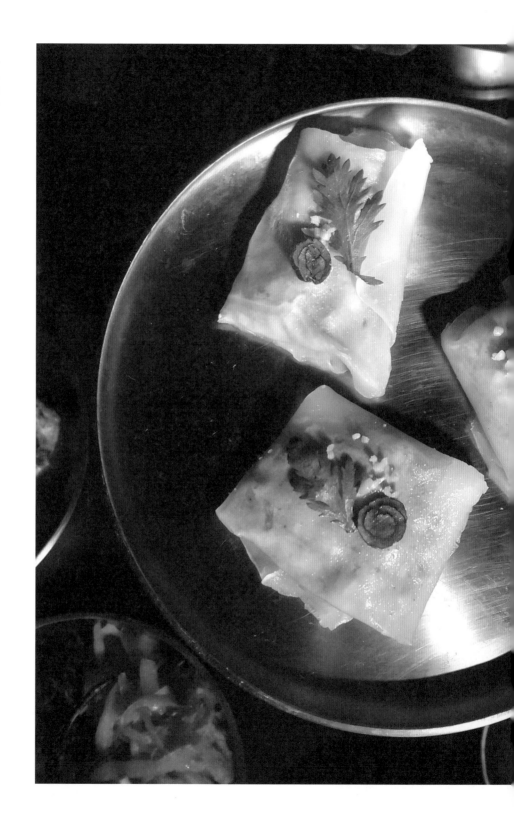

88

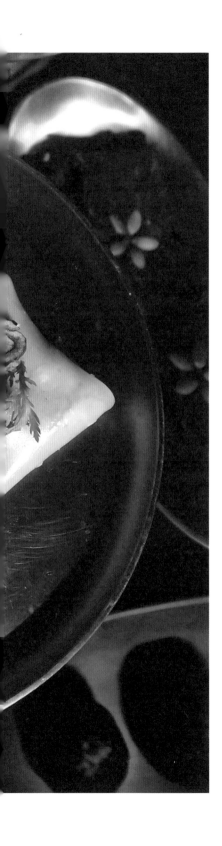

해황두자방

익힌 게 큰 것 30마리를 쪼개어 살을 발라낸다. 생돼지고기 1.5근(가늘게 썬 것), 참기름에 볶고 다진 오리알 5개에 세료물 가루 1냥, 천초·후춧가루 각 0.5냥(간 것), 생강 채·귤피 채 조금, 참기름에 볶아 다진 파 15줄기, 면장(麵醬) 2냥, 소금 1냥을 준비한다. 면견(麵牽)은 다른 만두와 같다.

만두소 재료를 고르게 치대서 간을 보고 싱거우면 다시 소금을 더 넣는다. 분피(粉皮) 1개마다 잘라서 4조각으로 만든다. 접시마다 먼저 조각낸 분피 1조각을 펴고 그 위에 만두소를 놓고 분피를 접듯이 오므려 싼다. 이를 대그릇 안에 넣은 다음 뚜껑을 덮고 푹 쪄서 상에 올린다. 《거가필용》

蟹黃兜子方

熟蟹大者三十隻, 斫開取淨肉. 生猪肉斤半(細切)、香油炒碎鴨卵五箇, 用細料末一兩、川椒·胡椒共半兩(擣)、薑絲·橘絲少許、油炒碎蔥十五莖、麵醬二兩、鹽一兩. 麵牽同.

打拌均, 嘗味醶淡, 再添鹽. 每粉皮一箇, 切作四片. 每盞先鋪一片, 放餡折掩, 蓋定籠內, 蒸熟供. 《居家必用》

해황두자방(蟹黃兜子方)의 '해(蟹)' 자는 게를 말하며 황(黃)은 누렇다는 뜻이다. 합쳐서 황장을 가진 게를 넣어 만든 만두다.

우리나라에서 게는 동해안, 서해안, 남해안에 모든 해역에 분포해 있다. 그 중에서도 수심이 얕고 모래층이 형성된 서해안에서 가장 많이 잡히고 맛이 좋다. 꽃게는 봄어기와 가을어기에 어획한다. 산란기를 맞아 알이 가득 찬 암놈은 4~6월, 숫놈은 가을인 9~11월이 가장 게살의 수율이 높아 게의 참 맛을 느낄 수 있다.

해황두자는 익힌 게살과 돼지고기가 만나면서 바다의 짭쪼름하면서도 게살 특유의 결 따라 갈라지는 부드러운 식감 사이사이에 돼지고기로 씹는 식감을 주었다. 담백함, 짭쪼름함과 같이 참기름에 볶아 고소한 오리알도 제 역할을 해줘 감칠맛이 다른 만두에 비해 훨씬 더 강해 계속 먹게 되는 만두다.

재료

만두피 재료
녹두전분 100g, 물 110mL

만두소 재료
익힌 게살 6마리분,
생돼지고기(가늘게 썬 것) 180g,
오리알(참기름에 볶고 다진 것)
1개, 세료물 가루 7.5g, 면장* 7.5g,
파(참기름에 볶아 다진 것)1줄기,
천초 1g, 생강 채 2g, 귤피 채 3g,
소금 조금, 면견(식초 30mL,
밀가루 15g), 후춧가루 조금

* 면장 : 맥류(麥類)으로 담근 장
(대맥장, 소맥장, 밀기울장 등)

만드는 방법

1 전분에 물과 소금을 섞어 고운체에 두번 내린다.

2 넓은 솥에 물을 끓이고 솥보다 작고 열전도율이 높은 판판한 그릇을 집게로 잡고 수평을 유지한 채 끓는 물 위에 올린다.

3 그릇에 얇게 전분물을 부어준다.

4 전분물 밑면이 살짝 익어 색깔이 변할 때 끓는 물속에 그릇 채로 담근다.

5 분피가 투명해지면 꺼내 찬물에 담가 재빨리 식혀 그릇과 분리시킨다.

6 분피는 적당한 크기로 잘라 쟁반에 펼쳐 준비해 둔다.

7 분피에 만두소를 넣고 접듯이 오므려 싸서 대그릇에 담는준다.

8 분피가 잘 붙지 않으면 물기를 잘 제거하거나, 전분물을 살짝 묻혀 접착시킨다.

9 물이 끓기 시작하면 찜기에 대그릇 째로 넣어 뚜껑을 덮고 6분간 찐다.

만두소 만드는 방법

1 익힌 게는 반으로 쪼개서 살을 바른다.

2 오리알은 풀어서 참기름에 볶다가 잘게 다지고 파도 다져서 참기름에 볶아준다.

3 돼지고기는 가늘게 채 썬다.

4 천초는 절구에 찧어 가루를 낸다.

5 익힌 게살, 돼지고기, 볶은 오리알, 볶은 파, 생강 채, 귤피 채, 세료물 가루, 면장, 천초 가루, 후춧가루, 소금을 넣고 섞어주는데 농도를 봐서 면견을 넣는다.

제1장 〈정조지〉 속의 만두

게의 이름은 다양한데

한자어로는 유모(蝤蛑), 발도(撥棹)·시해(矢蟹)라 하였고, 우리말로는 것칠에, 살궤(殺跪), 곳게(《조선어사전(朝鮮語辭典)》(1920))라 하였다. 서유구 선생이 남긴 〈전어지〉의 기록에 의하면 살아 생전 총 10종류의 게를 보았다고 한다. 〈전어지〉를 보면 게의 다양한 이름이 나오는데, 방해(螃蟹), 추모(蝤蛑), 발도자(撥棹子), 갈박(竭朴), 팽활(蟛蝟), 사구(沙狗), 의망(倚望), 노호(蘆虎), 팽기(蟛蚑), 율해(栗蟹)로 기록되어있다. 이 중 우리가 아는 바다 꽃게는 추모라고 불린다.

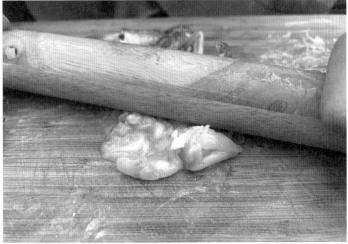

　　　　　　　　　　　　　　　　제1장 〈정조지〉 속의 만두

산해두방 山海兜方

사계절 중 가장 아름다운 풍경을 보며 먹는

산해두방

봄에 어린 죽순이나 고사리를 가져다가 끓는 물에 데친다. 여기에 신선한 물고기나 새우를 함께 다져 덩이를 만든다. 이를 펄펄 끓는 물로 찌다가 숙유(熟油)와 간장을 넣고 후춧가루를 갈아 잘 섞는다. 이를 분피(粉皮)에 올린 뒤 다른 분피로 덮은 다음 각각은 잔 2개 안에서 눌러 분피를 합한 뒤, 푹 찐다. 지금도 궁중의 후원(後苑)에 이것을 바치는데, 이를 '하어순두(鰕魚筍兜)'라 한다.《산가청공》

山海兜方

春采筍、蕨之嫩者, 以湯瀹之. 取魚鰕之鮮者, 同切作塊子. 用湯泡滾蒸, 入熟油、醬, 研胡椒拌和, 以粉皮乘覆, 各合于二盞內, 蒸熟. 今後苑進此, 名"鰕魚筍兜".《山家淸供》

* 죽순의 종류

	죽순대(맹종죽)	솜대(분죽)	왕대(왕죽)
모양/크기	대나무 중 두께가 가장 크고 굵으며 모양은 굵은 원뿔형이다	맹종죽에 비해 가늘고 길다	맹종죽에 비해 가늘고 길며 솜대와 크기가 비슷하다
식감	육질이 단단하고 탄력성이 적어 식감이 억세다	아삭거리며 쫄깃한 식감을 가지고 있다	부드럽고 아삭거린다
수확시기	4월초 ~ 6월중순	5~6월	6월중순 ~ 7월초
지역	경남 거제	담양	담양
특징	표면에 흑갈색 반점이 있다. 모양이 굵은 원뿔형으로 우리가 아는 죽순의 대표모습으로 보여지고 있다. 주로 통조림용으로 많이 사용된다	색상은 적갈색으로 표면에 하얀 분이 붙어 있어 분죽이라 부른다. 다른 죽순에 비해 맛이 가장 뛰어나다	표면에 검은 얼룩이 분포해 있다
이미지			

제1장 〈정조지〉 속의 만두

눈을 밝게 하고 이뇨작용이 있어 선비들이 즐겨 먹은 죽순과 고사리는 특히 식이섬유가 풍부해 몸을 가볍게 해주는 식품이다. 산해두는 튀기지 않고 찐 만두로 흰살생선과 산나물 소가 들어가 열량이 낮고 피도 얇아 소화력이 떨어지는 사람도 편안하게 먹을 수 있다.

대나무가 울창한 숲에 가면 공기가 맑고 깨끗하여 심신안정이 된다. 이 맑고 깨끗한 곳에서 자라나는 것이 바로 대나무의 새순인 죽순이다. 봄철이 제철인 죽순은 자라는 속도가 너무 빨라 예로부터 우후죽순(雨後竹筍)이라는 말이 생겼을 만큼 시기를 놓치면 맛보기 힘들어 예로부터 귀한 식재로 취급받아왔다. 죽순은 채취 후에도 계속 성장하기 때문에 빠른 시일내에 먹어야 부드럽고 아삭한 죽순의 맛을 볼 수가 있다. 산해두는 죽순과 고사리의 향과 바다의 향을 느끼는 만두라서 향신료를 과하게 넣지 않아 재료 본연의 맛을 느낄 수 있는 고급진 맛을 가진 음식이다.

만두피로 사용되는 분피는 전분으로 만든 피로써 밀가루피와는 달리 먼저 익혀서 나온 만두피로 식감은 쫄깃하고 만두소가 비칠 정도로 투명한 것이 전분피의 특징이다.

Tip
분피는 찌기 전 서로 잘 달라붙지는 않지만
찌는 과정 중 서로 붙으니 억지로 붙이지 않아도 된다.

재료

만두피 재료
녹두전분 100g, 물 110mL,
소금 1g

만두소 재료
어린 죽순 100g, 고사리 90g,
흰살생선(도미, 대구, 동태) 60g,
새우 60g, 참기름 5mL,
간장 5mL, 후춧가루 조금

만드는 방법

1 전분에 물과 소금을 섞어 고운체에 두 번 내린다.

2 넓은 솥에 물을 끓이고 솥보다 작은 놋으로 된
   쟁반을 집게로 잡고 수평을 유지한 채 끓는 물
   위에 올린다

3 놋 쟁반에 얇게 전분물을 부어준다.

4 전분물 밑면이 살짝 익어 색깔이 변할 때 끓는
   물에 놋 쟁반 채로 담궈준다.

5 분피가 투명해지면은 건져서 찬물에 담궈 놋 쟁
   반에서 떼준다.

6 분피는 건져 체에 받친다.

7 분피는 적당한 크기로 자른다.

8 잔 2개를 준비해서 잔 1개는 안에 분피를 깔고
   만두소를 넣고 그 위를 분피로 덮은 다음 다른
   잔으로 마주보게 합해서 투구모양을 만든다.

9 찜기의 물이 끓으면 만두를 넣고 5분간 찐다.

만두소 만드는 방법

1 어린 죽순과 고사리는 삶고 데쳐 물기를 짠 후
   다진다.

2 생선살과 새우살을 함께 다져 덩이를 만든다.

3 이를 찜기에 넣고 쪄준 뒤 참기름과 간장, 후춧
   가루를 넣고 잘 섞는다.

제1장 〈정조지〉 속의 만두

황작만두방 黃雀饅頭方

작은 몸집, 힘찬 날개짓

황작만두방

참새의 뇌·날개는 파·후춧가루·소금과 함께 잘
게 다진다. 이를 참새뱃속에 담아넣고, 발효시킨
밀가루반죽으로 참새를 싸서 작고 기다랗게 만다.
이때 양쪽 끝을 납작하고 둥글게 만든다. 이를 대
나무찜기에 놓고 찌거나, 혹은 찐 후에, 바로 뒤에
소개한 조만두(糟饅頭) 만드는 방법처럼 술지게미
에 묻어두었다가 참기름에 튀기면 맛이 더욱 오묘
하다. 《운림유사(雲林遺事)》

黃雀饅頭方

用黃雀以腦及翅, 蔥, 椒, 鹽同剉碎, 釀腹中, 以發酵
麪裹之, 作小長卷, 兩頭令平圓. 上籠蒸之, 或蒸後,
如糟饅頭法糟過, 香油煤之, 尤妙. 《雲林遺事》

황작만두는 참새의 먹지 못하는 부위를 제외하고 다져서 만두를 빚는다. 뇌와 날개를 잘게 다져 파, 소금 등과 반죽하여 참새의 뱃속에 다시 채운 다음 밀가루로 반죽한 만두피로 한번 더 감싸 쪄낸다.

이렇게 만든 만두는 푹신한 만두피로 먹는 것보다는 술지게미에 하룻밤 재워 튀겨먹는 것이 만두피가 바삭하고 술지게미의 향이 만두에 배어들어 더 맛있게 즐길 수 있다.

가을이 오면 곡식을 수확하고 남은 볍씨를 먹으러 귀여운 무리들이 한바탕 몰려온다. 갈대숲에서 보이지는 않지만 한 순간에 갈대밭을 휘저으며 날아드는 모습은 가을이 성큼 다가왔음을 느끼게 한다. 참새는 몸집이 작고 재빨라 잡기가 쉽지 않다. 조그만 것이 눈치는 또 얼마나 빠른지 잡으려고 하면 금방 날아가 버려 흙먼지만 뒤집어 쓰게 된다.

사람들은 참새로 만두를 만들어 먹는다면 의아해하거나 이해하지 못하는 사람도 있을 것이다. 하지만 개고기를 식재료로 사용하듯이 맛에 대한 개인적인 견해 차이쯤으로 이해해야 한다. 맛은 메추리와 비슷하다.

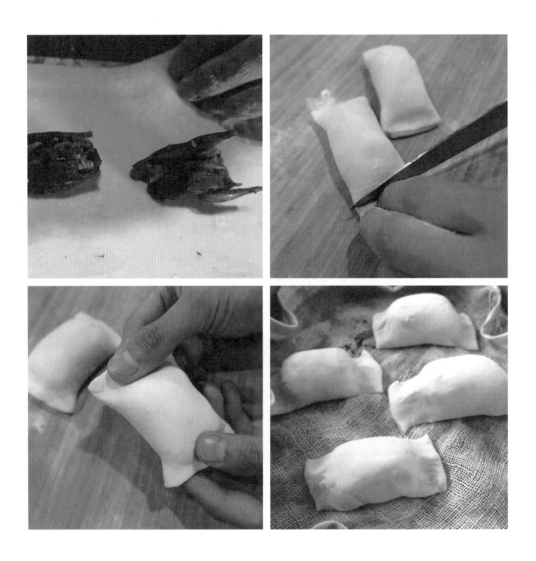

재료

만두피 재료
중력분 200g, 강력분 100g,
생막걸리 160mL, 소금 2g,
설탕 20g

현대식 만두피 재료
밀가루 200g, 따뜻한 물 110mL,
이스트 5g, 식용유 15mL,
설탕 10g, 소금 1g

만두소 재료
참새 4마리, 파(흰 부분) 2줄기,
소금 1g, 후춧가루 조금

그 외 재료
술지게미, 참기름

만드는 방법

1 중력분과 강력분은 체에 내려 준비한다.

2 체 친 가루에 생막걸리와 소금, 설탕을 넣고 한 덩어리로 만들어 따뜻한 곳에 두고 30분 정도 발효시킨다.

3 발효된 반죽은 주물러 공기를 살짝 빼주고 적 당량 분할한다.

4 발효시킨 반죽을 밀대로 넓게 밀어 참새를 넣 고 기다랗게 말아주는데 이때 각 만두마다 양 쪽 끝을 납작하고 둥글게 만들어 양쪽 끝의 구 멍을 막는다.

5 모양을 잡은 만두는 찜기에 넣고 찐다.

6 추가로 찐 만두는 술지게미에 하루동안 묻어두 었다가 참기름에 튀기면 맛이 더욱 오묘하다.

만두소 만드는 방법

1 참새의 머리, 다리, 날개 끝 부위를 제외하고 뇌 와 날개는 파와 함께 잘게 다진다.

2 뇌, 날개, 파, 후춧가루, 소금은 섞어 참새 뱃속 에 넣는다.

Tip
만두피의 쫄깃함과 술지게미에 재워뒀을 때 바삭함을 강하게
느끼고 싶다면 만두피 반죽에 강력분을 줄여준다.

조만두방 糟饅頭方

조금씩 조금씩 아껴먹는 재미

재료

만두피 재료
밀가루 200g, 메밀가루 200g, 뜨거운 물 200mL

만두소 재료
다진 돼지고기 200g, 팽이버섯 40g, 대파 30g,
다진 생강 3g, 다진 마늘 8g, 간장 15mL,
참기름 5mL, 설탕 5g, 소금 조금, 후춧가루 조금

부재료
술지게미 1kg

조만두방

고운 만두소를 넣어 빚은 만두를 하나하나 고운 황초포(黃草布, 조개풀로 짠 면포)로 싼다. 또는 하나하나 싸지 않고 큰 폭으로 한꺼번에 싸기도 한다. 먼저 술지게미를 큰 쟁반 안에 깔고 면포를 그 위에 편 다음 만두를 그 위에 드문드문 배열한다. 다시 면포를 덮고 술지게미를 그 위에 두껍게 덮는다. 만두를 술지게미에 묻어두고 하룻밤을 지낸 다음 꺼내어 참기름에 튀긴다. 이렇게 하면 겨울에는 15일 동안 보관할 수 있다. 차가우면 다시 불에 굽는다. 《운림유사》

糟饅頭方

用細餡饅頭, 逐箇用細黃草布包裹, 或用全幅布. 先鋪糟在大盤內, 用布攤上, 稀排饅頭布上. 再以布覆之, 用糟厚蓋布上. 糟一宿, 取出, 香油煠之. 冬月可留半月, 冷則旋火炙之. 《雲林遺事》

만드는 방법

1 밀가루와 메밀가루는 섞어 고운체에 2번 내려 이물질과 가루 사이사이에
  공기를 넣어 준 뒤 익반죽을 해서 공기가 통하지 않게 냉장고에서 30분 숙
  성시킨다.

2 숙성된 반죽은 적당량 분할해 너무 얇게 밀지 않는다.

3 밀어 놓은 만두피에 만두소를 넣고 송편지짐떡 모양으로 접는다.

4 넓은 쟁반에 술지게미를 깔아주고 황초포 또는 면보를 핀다.

5 면보 위에 만두를 드문드문 배열하고 다시 면보로 만두 위를 덮은 뒤
  술지게미로 두껍게 덮는다.

6 만두는 술지게미 속에서 하룻밤을 지낸 다음 꺼내서 참기름에 튀긴다.

* 만두가 차가워지면 불에 다시 굽는다.

만두소 만드는 방법

1 만두소에 들어가는 돼지고기, 팽이버섯, 대파, 생강, 마늘은 모두 다져
  서 간장, 참기름, 설탕, 소금, 후춧가루와 한데 넣고 섞는다.

조만두의 핵심은 술지게미의 향과 맛을 만두에서 고스란히 느낄 수 있는 점이다. 조만두를 만들 때 만두의 종류는 크게 문제가 되지 않는다. 술을 만들고 남은 술지게미와 함께 하룻밤 묵혀 있으면서 약간의 알코올과 순수 미생물인 술지게미의 효모가 만두피에 고스란히 스며들어 발효된 만두가 만들어진다. 조선시대에는 집에서 술을 직접 빚었고, 과거에는 술지게미를 이용한 다양한 음식들을 문헌에서 쉽게 찾아볼 수 있다. 〈정조지〉에는 술지게미를 넣어 절이는 엄장채(醃藏菜)와 각종 채소들을 장기간 보존하기 위해 장아찌와 같은 방법으로 담그는 음식이 기록되어 있다. 현대에는 대체로 술을 만드는 곳이 점차 줄어 들고 있다. 때문에 술지게미를 접하기 힘들게 되면서 현대인들에게는 술을 만들고 남은 부산물정도로 여겨지고 있다.

〈정조지〉 조만두에서는 "겨울에는 15일 동안 보관할 수 있다."라고 기록 되어있는데, 술지게미에 들어있는 항균 효과와 항산화 작용으로 인해 다른 만두보다 비교적 오래 보관할 수 있는 이유다. 조만두는 맛과 영양은 물론이고 술지게미에 보관을 하여 냉장고가 없는 시절 비교적 긴 시간동안 만두를 저장할 수 있었다. 참기름에 튀긴 조만두는 일반적인 만두와는 다르게 만두피가 발효가 되어 얇은 만두피 속에 층층이 공기층이 나눠져 있어 튀겼을 때 훨씬 더 바삭한 식감을 느낄 수 있다. 만두 속은 술지게미의 독특한 술 향이 베어 향미가 높아져 입맛을 돋우어 준다.

제1장 〈정조지〉 속의 만두

하연두자방

양고기 2근(데쳐서 핏물을 제거하고 가늘게 썬 것), 맵쌀밥 0.5근, 참기름 2냥, 볶은 파 1줌, 육수 3잔에 밀가루 3냥을 섞어 면발을 만든 것, 귤피 1개(실처럼 길게 썬 것), 생강가루 1냥, 후춧가루 조금. 이상의 재료들을 한곳에서 고르게 섞은 뒤, 분피 1개마다 잘라서 4개로 만든다.

술잔마다 안에 먼저 분피 1조각을 펴서 햇연육(蓮肉)(심을 제거한 것)·가시연밥·잣·호두·양매인(楊梅仁, 소귀나무속씨)·유병(乳餠, 치즈)·표고버섯·목이버섯·압병자(鴨餠子, 밀전병)를 쟁여놓고 그 위에 고기소를 놓은 다음 분피를 접듯이 오무려 싸고 푹 찐다. 이를 숟가락으로 뒤집어서 접시 안에 담고 상에 올리는데, 진한 참깨즙[麻泥汁]에 진한 유즙[酪]을 섞어 끼얹는다. 《거가필용》

荷蓮兜子方
羊肉二斤(淖去血水細切)、粳米飯半斤、香油二兩、炒蔥一握、肉湯三盞調麵三兩作絲、橘皮一箇(細切)、薑末一兩、椒末少許. 已上一處拌均, 每粉皮一箇, 切作四片.

每盞內, 先鋪一片, 裝新蓮肉(去心)、鷄頭肉、松仁、胡桃仁、楊梅仁、乳餠、蘑菰、木耳、鴨餠子, 却放肉餡, 掩折定蒸熟. 匙翻在楪內供, 用濃麻泥汁和酪澆之.《居家必用》

재료

만두피 재료
녹두전분 100g, 물 120mL, 소금 1g

만두소 1번 재료
양고기 300g(데쳐서 핏물을
제거하고 가늘게 썬것),
멥쌀밥 80g, 참기름 20mL,
볶은 파 30g, 면발 (고기 육수 15g,
밀가루 30g을 섞어 면발을 만든 것),
귤피 채 20g, 생강가루 1g,
후춧가루 조금

만두소 2번 재료
햇연육(심을 제거한 것) 15알,
가시연밥 15g, 잣 30알, 호두 5개,
양매인(소귀나무속씨) 20g,
유병(치즈) 30g, 표고버섯 2개,
목이버섯 5장, 압병자(밀전병) 15장

곁들일 양념 재료
진한 참깨즙 30mL,
유즙(우유) 50mL

만드는 방법

1 녹두 전분 100g과 소금물 120mL를 섞어 체에 내린다.

2 넓은 냄비에 물을 끓이고, 열전도율이 높은 그릇에 전분물을 얇게 펴질 정도만 붓는다.

3 전분물을 담은 그릇을 물이 끓는 냄비에 그릇 밑면이 표면에 닿게만 넣고 기다린다.

4 전분물이 살짝 익어 투명해질 때쯤 그릇을 끓는 물 속에 완전히 넣고 익힌다.

5 전분물이 투명해지면 다 익었으므로 그릇째 꺼내서 찬물에 담가 재빨리 식혀주고 전분피를 그릇과 분리시킨다.

6 분피는 적당한 크기로 잘라 쟁반에 펴서 준비한다.

7 분피를 만들어서 4조각으로 잘라 술잔에 넣는다.

8 만두소 재료를 준비하는데 1번 재료는 섞어서 준비한다.

9 표고와 목이는 채 썰고, 밀전병은 술잔 크기로 부친다.

10 술잔에 분피를 펴서 만두소 1번 재료를 3/2 정도 넣고, 만두소 2번 재료를 굵게 다진 뒤 햇연육, 가시연밥, 잣, 호두, 양매인, 유병(치즈), 표고버섯, 목이버섯, 밀전병 순서대로 넣고 분피를 접어 위를 감싼다.

11 찜기의 물이 끓으면 술잔 통째로 넣고 10분간 찐 뒤 숟가락으로 뒤집어 꺼내서 접시에 담는다.

12 갈은 참깨즙에 유즙(우유)를 섞고 체에 걸러 맑은 즙만 취하여 만두에 끼얹는다.

만두소 1번 재료

만두소 2번 재료

연은 연꽃, 연근, 연자, 연자방(연방)으로 구성되어 있으며 다 자란 연방을 이용해 만든다. 연방은 연꽃잎 속에 감춰져 있다가 꽃잎이 질 때쯤 그 모습을 드러낸다.

연꽃이 피고 지기 시작하면 연방 속에서는 햇연자가 자라난다. 연자의 속살을 주재료로 만든 만두가 바로 하연두자이다. 하연두자의 '하연(荷蓮)'의 '하(荷)'는 연꽃 '하(荷)' 자이고 '연(蓮)' 자는 연방 속의 밥인 연자육을 뜻하며, 연자육을 넣어 투구 모양으로 빚은 만두라는 의미다. 일반적인 만두와는 달리 만두피는 투명하게 비치는 분피를 이용해서 만들어서 훨씬 더 쫄깃한 맛과 함께 속살이 비치는 수정 같은 모양을 하고 있다. 만두소 재료는 다른 만두에 비해 굉장히 다양한데 속 재료를 하나하나 살펴보면 연육, 양매인, 유병처럼 쉽게 구할 수 없는 재료들을 같이 넣어 만든다. 속재료도 다양하게 들어갈 뿐만 아니라 만두에 끼얹어 먹는 즙도 특이하다. 진한 참깨즙에 지금의 우유인 유즙을 섞어 만두에 끼얹는데 이 방식은 우리나라에서는 쉽게 볼 수 없는 방식이다. 주로 몽골과 같이 유목생활을 하는 민족에게서 볼 수 있는 독특한 방식을 반영한 만두이다.

제1장 〈정조지〉 속의 만두

연방어포방

만두로 꽃을 피우다

蓮房魚包方

연방어포방

연꽃 속 어린 연방에서 그 밑부분을 자르고 속을 도려내되 구멍은 남겨 둔다. 술·간장·향료를 생선 덩어리와 섞어 구멍 안에 채운다. 시루 안에 연방의 밑부분이 아래로 가도록 안쳐서 푹 찐다. 혹은 안팎으로 꿀을 발라 접시에 내는데, 어부삼선(漁夫三鮮)과 함께 상에 올린다. 《산가청공》

蓮房魚包方

蓮花中嫩房, 去截底剜瓤, 留其孔, 以酒、醬、香料和魚塊, 實其內, 仍以底坐甑內, 蒸熟. 或中外塗以蜜, 出楪, 用漁夫三鮮供之. 《山家淸供》

제1장 〈정조지〉 속의 만두

연은 부엽식물로 크게 두 가지로 나뉜다. 식용으로 알려진 백련과 약간의 독성을 지니고 있는 홍련이 있다. 백련은 독이 없고 맛이 순해 다른 식재와 만났을 때 은은한 향기가 남아 지금도 음식 만들 때 많이 사용된다.

홍련은 식용보다는 주로 관상용으로 식용이 가능하지만 잘 먹지는 않는다.

연방만두는 향기를 품고 있는 연방과 흰살생선을 곁들여 깔끔하면서도 본연의 향을 품고 있는 만두이다. 생선 살에 연의 향이 입혀지면서 약간의 쓸쓸한 맛이 연 고유의 맑고 깨끗한 향을 품고 있는 것 같다. 연으로 만든 음식은 어느 음식에도 뒤처지지 않을 정도로 순수한 맛을 보여준다.

연방으로 만두를 만들기 위해서는 두 가지를 포기해야 했다. 어린 연방을 채취하면 끊어진 줄기의 구멍을 타고 빗물이 연근 속으로 들어가 연근이 썩고, 어린 연방을 채취하게 되면 연자를 얻지 못하게 된다. 이렇게 연방만두를 맛보기 위해서는 연자와 연근 이 두가지를 얻지 못하게 된다.

어린 연방을 구하기 위해 연으로 유명한 전라북도 김제를 방문했다. 예로부터 김제시 진봉면은 땅이 마르지 않고 수분을 머금어 좋은 땅인데 메마르지 않는 땅에서 물을 길러 연을 심으면 연이 잘자라게 된다. 진봉면에서 연이 무성히 핀 한 농장에 들렀다. 이 농장은 연잎 사이를 걸어갈 수 있도록 길이 나 있어 손쉽게 어린 연방을 채취할 수 있고, 연을 가까이에서 볼 수 있어 연구에 많은 도움이 되었다.

재료

만두피 재료
어린 연방 5개

만두소 재료
명태살 200g, 맑은 술 5mL,
간장 10mL, 생강즙 2mL,
산촛가루 1g, 소금 조금

그 외 재료
꿀 25mL, 전분 조금

만드는 방법

1 어린 연방을 채취하여 밑부분을 조금만 자른다.

2 연방 속을 파내는데 연방이 찢어지지 않도록 스펀지 같은 속살을 조심히 파낸다.

3 준비된 만두소를 연방 속에 긴 숟가락으로 눌러가며 속을 채운다.

4 물이 팔팔 끓을 때 찜기에 연방의 밑부분이 아래로 가도록 안쳐서 10분간 찐다.

5 쪄낸 만두 겉면에 꿀을 조금 바른다.

만두소 만드는 방법

1 명태살은 잘게 다지고 물기를 제거한다.

2 다져준 명태살에 술, 간장, 생강즙, 산촛가루, 소금을 넣고 치대 주는데 되기는 전분으로 맞춘다.

제1장 〈정조지〉 속의 만두

한반도 만두의 지역별 특징

① **평안도**

- 평안도 만두는 크기가 다른 지역의 만두보다 크기가 훨씬 더 크다. 크기가 큰 만큼 만두소가 많이 들어가 만두소가 보이지 않을 정도로 만두피를 두툼하게 빚는다. 피가 두껍다고 해서 맛이 뒤떨어지지는 않고 오히려 피의 맛과 쫄깃함을 느낄 수 있는 매력 있는 만두이다.

- 만두소에는 두부와 고기의 비중이 거의 동일하게 들어갈 정도로 두부가 많이 들어가 부드러우면서 고소한 맛을 가지고 있다. 평안도 만두는 다소 슴슴한 맛을 가지고 있어 처음 평안도 만두를 접한 사람들은 대부분이 친근함을 느끼지 못한다. 평안도 지역은 겨울에 기온이 낮아 추위를 견디기 위해 많은 지방 섭취가 필요했다. 또, 만두 크기를 늘리기 위해 소에 들어가는 고기는 지방질이 많고 저렴한 고기를 사용했다. 평안도 만두는 만두소를 푸짐하게 넣어 씹는 맛과 담백하면서도 구수한 사골국물과 같이 만둣국을 끓여 먹거나 찐 만두로 먹을 시 간장 대신 국물이 자작한 김치와 곁들여 식사 대용으로 많이 즐겨먹었다.

  - 평안도 만두종류 : 굴림 만두, 평안도 만둣국, 대만두

② **황해도**

- 황해도 만두는 평안도 만두와 크기는 비슷하며 차이점으로는 평안도 만두처럼 두꺼운 만두피는 사용하지 않는다. 만두소로 고기, 두부 외에도 묵은 김치, 숙주 등 야채를 많이 넣고 만들어 두부가 많이 들어간 평안도 만두보다는 감칠맛과 간이 더 강한 차이를 보인다. 설날 명절이 되면 함경도, 평안도, 황해도에서는 만둣국을 대표적인 설날 음식으로 끓여 먹는다.

- 개성식 만두 중 대표적인 만두인 편수는 황해도 중 개성 지방의 향토 음식으로 여름철에 주로 먹는다. 여름철에는 음식 재료가 상할 가능성이 농후하기 때문에 만두 소에 채소를 주로 사용하였다. 또한 편수는 만둣국의 개념으로 생각하면 된다.

  - 황해도 만두종류 : 편수

③ 함경도

• 대부분이 백두대간 산간지역으로 이루어진 함경도는 밀의 재배와 수급에 어려움을 겪어 밀을 대신하여 추운 기후에서도 잘 자라는 잡곡을 이용해 만두피를 만들어 만두를 빚었다. 잡곡 외에도 구황작물인 감자를 갈고 전분과 함께 뒤섞어 만두피로 사용하여 산간지역만의 특색을 담은 만두를 만들어 먹었다. 만두소로는 닭고기보다는 산에서 직접 꿩을 사냥해 고기를 얻어 사용했다.

• 함경도 만두종류 : 막가리 만두, 호밀 만두, 꿩 만두

④ 경기도

• 조선시대 수도를 감싸고 있는 경기도는 조선의 중요 관직과 사대부들이 즐겨 살던 곳으로 서울식 만두, 개성식 만두 지역에 따라 이름이 두 가지로 나눠지는데 가까운 지역이라 만두의 정체성에 대한 혼란이 오지만 서로 큰 차이가 없다. 서울식 만두와 개성식 만두는 만두피를 얇게 밀어 만두피에 소고기와 돼지고기를 섞어 한입에 먹기 좋은 크기로 만들어 깔끔하고 정갈하다. 음식을 미각으로 먹는 것뿐만 아닌 먹기 전 시각적으로도 음식을 맛볼 수 있게끔 음식을 고급스럽게 만든다. 예를 들어 경기도에서는 더운 여름날에도 만두를 즐기기 위해 호박이나 오이를 고기와 섞어 편수를 빚는다. 편수는 모양과 그 맛이 일반적인 만두와는 달리 경기도의 고급스럽고 정갈함을 보여주는 만두이다.

• 중국과 가까운 평안도 지방부터 남쪽으로 내려오며 평안도-황해도-경기도 순으로 만두의 크기가 점차 작아진다.

• 사대부나 신분이 높은 사람들이 한입에 먹을 수 있게끔 모양도 이쁘게 빚는다. 보편적으로 우리가 잘 아는 만둣국에 들어가는 동그란 만두 모양을 하고 있어 맞붙이는 부분을 완전히 붙이지 않고 손가락 크기의 구멍을 내서 육수가 잘 베어 들게끔 한다.

• 경기도식 만두의 대표는 개성만두로 볼 수 있다. 조선시대 당시에는 개성이 경기도권에 포함되었는데 개성은 만두가 가장 보편화된 곳으로 겨울철이 되면 만두를 빚어 채반에 넣어 저장해두고 먹었다고 한다. 수도를 품고 있는 만큼 다양한 종류의 만두를 볼 수 있다.

• 경기도 만두종류 : 개성편수, 호박선, 규아상, 전복만두, 볏섬만두, 소만두

⑤ **강원도**

◦ 감자 생산지로 유명한 강원도는 생감자를 곱게 갈아 바닥에 가라앉힌 후에 생기는 앙금을 이용해 만두피를 만드는데, 이러한 방식으로 만든 만두피는 매우 쫄깃한 식감을 준다.

◦ 한국 전쟁 이후 혼분식장려운동(混粉食獎勵運動)이 시작되며 밀가루의 가격은 저렴해지고 구하기 쉬운 식재가 되었다. 그로 인해 만두피를 밀가루로 한 만두의 가격은 덩달아 저렴해졌고 구하기 쉬운 음식이 되었다. 반면에 값이 더 나가는 재료인 메밀을 굳이 사용하지 않아도 만두를 만들어 먹을 수 있게 되면서 메밀가루로 빚은 만두는 더 찾기 어려워졌다. 하지만 1980년대에 들어서 우리나라의 외식 산업 규모가 커져감에 따라 향토 음식 또는 전통음식을 찾는 사람들이 증가하게 되면서 다시금 고소한 맛과 독특한 메밀의 향을 지닌 메밀만두의 인기가 증가하게되었다.

◦ 강원도 만두종류 : 막가리만두, 메밀만두, 감자만두, 옹심이만두

⑥ **충청도**

◦ 오색만두, 이름에서도 알 수 있듯이 5가지의 색을 가진 만두다. 하얀색의 기본 만두와 4가지의 천연 재료를 사용해 만두를 빚는다. 치자는 노란색, 도토리는 갈색, 부추는 초록색, 지초는 분홍색을 내어 알록달록한 색감이 시각적으로 즐거움을 준다.

◦ 충청도 지방은 만두를 떡과 같이 넣는 떡만둣국을 주로 먹었다.

◦ 충정도 만두종류 : 오색만두, 지고추만두, 냉이만두

⑦ **전라도**

◦ 남부지방의 기후 특성상 밀보다는 벼 생산에 특화되었기에 밀이나 메밀이 흔치 않아 만두 문화가 북부지방에 비해 발전하지 않았다.

◦ 전라도 만두종류 : 고기만두, 삼합만두

⑧ **경상도**

◦ 대구, 경북 지방을 대표하는 음식 중 하나로 납작 만두를 꼽을 수 있다. 다른 만두에 비해 재료와 음식법 또한 간단한 납작 만두는 만두소에 부추와 함께 당면을 잘게 썰어 넣고, 납작한 모양으로

빚은 후에 기름에 구워낸다.

· 만두 문화가 발달한 북부 지방 사람들이 한국 전쟁 당시에 경북 지
  방으로 피난을 오면서 만두가 그리워 부추와 당면만 넣어 쉽게 상
  하지 않도록 만두 흉내만 내서 만든 것이 지금의 납작 만두가 되
  었다.

· 경상도 만두종류 : 납작만두

　　　　　　　　　　　　제1장 〈정조지〉 속의 만두

우리의 전통 만두

2장은 〈정조지〉에서 다루지 않은 고조리서 속의 만두와 각 지역에서 먹던 향토만두를 중심으로 엮어 보았다. 같은 이름을 가졌지만 그 지역의 환경에 맞게 달라진 만두의 모습에서 자연에 적응하고 때론 이용하기도 하는 사람들의 애씀의 흔적이 엿보인다. 만두는 맛도 중요하지만 만두의 모양에 따라서 격이 달라지므로 재미있는 만두의 모양도 연구되어야 할 대상이라는 것도 깨닫게 된다. 만두의 피나 소에 해삼, 생선살, 전복 등의 어류와 소나 돼지의 내장이 많이 쓰였다는 점도 눈 여겨 볼 점이다. 고조리서나 우리 주변 곳곳에 숨어 있는 만두를 발굴하여 우리전통 만두의 영역을 넓히는 일에도 관심을 가져야 할 시기다.

토란 만두

땅의 기운을 받아 자라는 완전식품

재료

만두피 재료
토란 300g, 달걀 흰자 2개,
메밀가루 1/2컵, 소금 1/2작은술

만두소 재료
소고기 100g, 볶은 땅콩 10g,
대파 흰 부분 20g, 다진 생강 2g,
간장 15mL, 설탕 5g,
후춧가루 조금, 소금 조금

장국 재료
물 500mL, 간장 40mL,
참기름 5mL, 소금 조금,
후춧가루 조금

만드는 방법

1 토란을 삶아 껍질을 벗기고 곱게 으깬다.

2 으깬 토란에 달걀 흰자, 메밀가루, 소금을 넣고 섞어 반죽한다.

3 적당량 분할해 만두소를 넣고 완자 모양으로 동그랗게 만두를 빚는다.

4 장국이 끓으면 만두를 넣고 떠오를 때까지 익힌다.

만두소 만드는 방법

1 소고기는 핏물을 제거 후 곱게 다진다.

2 대파, 생강, 땅콩도 곱게 다져서 준비한다.

3 팬에 소고기, 대파, 생강, 땅콩을 넣고 볶다가 간장, 설탕, 후춧가루, 소금을 넣고 물기가 없게끔 볶는다.

제2장 우리의 전통 만두

토란은 '흙 속의 알'이라는 뜻이다. 잎사귀가 연잎과 비슷하다고 하여 토련이라고도 부르는데 추석이 다가올 무렵 토란이 잠깐 동안만 모습을 비춘다. 땅속에 묻혀 있던 알토란이 나오면서 명절이 다가왔음을 알린다. 식감은 감자보다 부드럽고, 맛은 물밤과 비슷하다. 토란은 잎과 뿌리인 알토란, 줄기대인 토란대 세 부분으로 나뉜다. 토란은 주로 조림 또는 탕을 끓여 먹거나 쪄서 고구마나 감자처럼 간식으로 간편히 섭취하기도 한다. 토란 잎은 지금은 즐겨먹는 식재는 아니지만 토란대와 같이 말려서 나물로 만든다. 토란은 뿌리부터 잎까지 모두 식용 가능한 작물이며 그 중에서도 가장 귀한 것은 뿌리인 알토란이다. 알토란은 변질이 쉽게 돼 보관이 까다로운 작물이라 재배하고 나서 빠른 시일내에 먹어야 하는 음식이다.

토란은 소량의 독성을 가지고 있어 섭취 시 잘 익혀 먹어야 된다. 또 토란을 손질할 때는 맨손으로 만지면 손에 손상이 있을 수 있으므로 맨손으로 만지는 것보다는 장갑을 착용해야 된다.

《요록(要錄)》

토란을 문드러지게 삶아서 껍질을 벗기고 계란 흰자를
합쳐 섞은 것에 메밀가루를 골고루 섞어서 만두를
만들어서 먹으면 맛이 매우 좋다.

土卵爛烹去皮, 鷄子白和合与木麥末均和造饅頭, 味極好.

　　　　　　　　　　　　제2장 우리의 전통 만두

황자계 만두

꿩 대신 닭이랴, 둘 다 먹으면 되지

재료

만두피 재료
밀가루 200g, 물 100mL, 소금 2g

만두소 재료
익힌 닭살 200g, 익힌 꿩살 100g, 송이버섯 1개,
다진 파(흰부분) 20g, 다진 마늘 7g,
다진 생강 3g, 참기름 15mL, 간장 30mL,
식초 5mL, 밀가루 조금, 소금 조금

그 외 재료
육수(닭 2마리, 꿩 1마리, 대파 1줄기, 무 1/2개,
정향 3개, 통후춧가루 7알, 소금)

곁들일 양념 재료
초장, 다진 파, 다진 마늘, 참기름

만드는 방법

1 닭과 꿩은 솥에 물과 함께 넣어 육수를 내주고 살은 발라 만두소로 사
   용한다.

2 밀가루와 물, 소금을 넣고 반죽을 치대서 공기가 통하지 않게 덮어 냉장
   고에서 1시간 정도 숙성시킨다.

3 숙성된 반죽은 적당량 분할하여 지름 7cm 정도로 종잇장처럼 얇게
   민다.

4 얇은 만두피에 만두소를 적당량 넣고 모양을 만든다.

5 끓인 육수에 만두를 삶아주고 먹을 때 육수와 함께 만두를 낸다.

6 만두를 먹을 때는 초장에 파와 마늘, 참기름을 섞어 찍어 먹는다.

만두소 만드는 방법

1 팬에 참기름과 간장을 두르고 잘게 찢은 닭살, 잘게 찢은 꿩살과 다진
   송이버섯, 다진 파, 다진 마늘, 다진 생강, 소금을 볶는다.

2 볶은 만두소는 기름종이를 받혀 기름기를 제거한다.

황자계, 즉 누런 암탉 2마리와 꿩 1마리를 음식의 재료로 활용하는 황자계 만두는 과거에 보양식으로 먹었고 특히 상류층이 즐겼던 음식이다. 대표적으로 조선 19대 왕인 숙종이 가장 즐겨 먹었고 승하 직전까지 찾았던 음식으로 유명하다. 숙종은 만 53세부터 복부 포만이 생겨 음식도 제대로 먹지 못하고 배만 점점 불러왔다. 음식을 제대로 먹지 못하는 숙종 때문에 왕의 건강과 관련된 사람들의 고민은 이만저만이 아니었다. 미음이나 죽도 제대로 먹지 못했던 숙종이 맛있게 먹은 음식이 바로 어의가 올린 황자계 만두였다.

원나라와 명나라 때 출판된 음식 서적과 의학 서적에는 '혼돈(餛飩)'이라고 하여 알밤만 한 크기에 피가 종이처럼 얇은 만두라고 기록하였는데, 황자계 만두의 피처럼 얇은 '혼돈'은 위장이 나빠 소화가 힘든 노인이나 환자를 위한 음식으로 적절했을 것이다.
중국의 황자계 만두와 숙종의 어의가 올린 황자계 만두는 약간의 차이가 있다. 건강과 소화기능이 나빴던 왕을 위해 재료들을 국자로 더욱 잘게 으깼고, 밀가루 대신에 메밀 가루로 만두 피를 만들었다.
황자계 만두는 《승정원일기(承政院日記)》*에 숙종이 배에 복수가 차서 세상을 떠나기 직전에도 먹고 싶어 했던 음식으로 기록되어 있다.

* 《승정원일기(承政院日記)》 조선시대에 왕명(王命)의 출납(出納)을 관장하던 승정원에서 매일매일 취급한 문서(文書)와 사건을 기록한 일기를 말한다.

《소문사설(謏聞事說)》
누런 암탉 두 마리와 꿩 한 마리를 먼저 삶아서 고기를 취한다. 고기에 송이버섯과 파·마늘을 넣고 각각을 부드럽게 다진다. 이것에 기름장을 넣고 주걱으로 저어 주면서 익혀 볶아낸다. 육수는 식혀서 엉긴 기름을 제거한 다음 파·생강·마늘 등을 그 맛을 작량하여 넣는다. 십여 차례 체에 내려 극히 곱게 만든 밀가루를 물로 반죽해서 병을 만든다. 홍두깨로 아주 얇게 종이 같이 밀어서 죽통으로 찍어낸다. 크던 작던 임의대로 일정하게 찍는다. 여기에다 소를 넣고는 만두피 입술에 물을 발라 합쳐 붙인다.
닭과 꿩 삶은 국물에 만두를 넣고 한소끔 끓어 올라오면 탕이 반사발이 되도록 만두와 화합되게 담는다. 먹을 때에 파와 마늘을 넣은 초장을 곁들여 먹는다. 《식의학입문》에도 이러한 방법이 있는데 매우 다르다. 대개 이 만두는 너무 연약해서 만든 뒤에 잠시 한때만 놓아두어도 모두 풀어진다. 그러므로 만드는 즉시 그때그때 먹어야 그 맛을 잃지 않는다【수라간에서는 돼지고기를 넣고 만들기도 하며, 그 이름을 병식이라고 한다】.

黃雌鷄二首, 雉一首, 先烹取肉, 入松耳葱蒜各亂細爛剉作泥, 入油醬炒出, 以勺揉爛, 令其膏肪疑出後, 入葱·薑·蒜·料物酌量其味後, 取白麵十餘次重篩極細, 以水拌作餠, 以圓木槎揉令其極簿如紙, 以竹筒印出, 令大小便齊, 以餡胎之, 以水拭其唇合付後, 取雉鷄湯乘其起滾暫煠出, 以其湯半碗相和浸服時, 以醋·醬·葱·蒜和食. 《醫學入門》有方而大異, 盖此物極脆, 見成後留一時, 則盡皆塌爛, 隨成隨食不失其味.【水刺問或以猪肉作之名曰餠食】

생복 만두탕

궁중과 사대부의 봄철 몸보신

재료

만두피 재료
생 복 8마리

만두소 재료
다진 소고기 120g, 잣가루 50g,
두부 80g, 다진 파 15g, 다진 마늘 8g, 간장
15mL, 참기름 5mL, 소금 조금

장국 재료
물 2mL, 소의 양지 100g, 무 80g, 대파 1줄기,
정향 1알, 조선간장 30mL, 소금 조금

그 외 재료
대꼬치, 전분

만드는 방법

1 전복은 깨끗이 세척 후 내장과 살을 껍데기에서 분리하고, 입과 식도를 제거한다.
2 전복은 두 장이 붙어있는 조개껍데기 모양처럼 포를 뜬다.
3 포를 뜬 전복 안쪽에 전분을 살짝 묻히고 만두소를 넣고 전분을 한 번 더 입혀 대꼬치로 전복이 오그라들지 않도록 고정시킨 뒤 7분간 찐다.
4 장국은 오랫동안 끓여 익힌 전복에 곁들여 낸다.

만두소 만드는 방법

1 두부는 물기를 제거해 으깬다.
2 잣은 고깔을 떼고 다지는데 기름종이를 깔아 기름기를 없앤다.
3 다진 소고기, 잣가루, 으깬 두부, 다진 파, 다진 마늘, 간장, 참기름, 소금을 한데 넣고 치댄다.

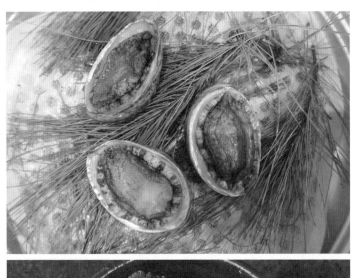

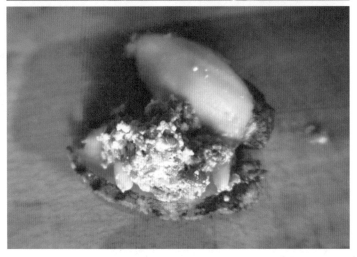

날전복을 생복, 통째로 말린 것을 건복, 말려서 두르려 편 것을 추복, 전복 살을 박고지처럼 길게 저며 그늘에서 말린 것을 인복 혹은 장인복이라고 불렀다. 생복만두탕은 궁중음식으로 연회에 올리던 음식이다. 들어가는 재료들이 하나같이 고급식재들로 구성되어 있어 주로 궁중과 사대부들이 즐겨 먹었다. 지방질이 없는 소고기와 조그만 잣의 기름을 일일이 제거해줘야만 깔끔한 생복만두탕을 먹을 수 있다. 이처럼 정성이 많이 가는 음식으로 음식의 맛과 영양, 품위를 두루 갖추고 있어 어디 내어놔도 부족함이 없는 음식이다. 생복만두탕은 전복을 얇게 포를 떠 질기지 않아 부드럽고 담백한 육수와 어울린다. 또 고기와 잣, 두부의 단백질로 인해 치아가 약한 노인과 성장기인 아이들이 섭취하기에 좋은 음식이다.

제2장 우리의 전통 만두

석류탕

석류의 아름다움을 닮은

재료

만두피 재료
밀가루 100g, 물 120mL, 소금 조금

만두소 재료
닭고기 100g, 무 60g, 두부 30g, 미나리 30g,
불린 표고버섯 2개, 파 1/2줄기, 불린 석이버섯 3장,
참기름 5mL, 간장 15mL, 잣가루 10g, 후춧가루 조금

장국 재료
닭 뼈 1/2마리, 무 100g, 다시마 2장, 양파 1/4개,
대파 1/2줄기, 물 2L, 국간장 45mL, 소금 조금

그 외 재료 : 천연 색소

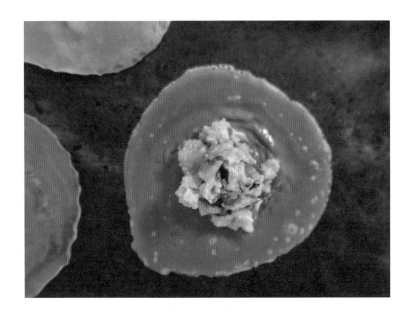

만드는 방법

1 밀가루와 물, 소금을 섞어준 뒤 고운체에 걸러 15분간 실온에 숙성시
  킨다.

2 숙성된 만두피 반죽을 팬에 1큰술 정도 넣어 지름 8cm 크기의 밀전병
  을 만든다.

3 밀전병에 만두소 1개를 넣고 끝과 끝을 접는 과정을 4번 반복하여 맞
  물려 석류 모양을 만든다.

4 맑은 장국을 끓여 만두와 같이 곁들여 내고 고깔을 뗀 잣을 고명으로
  얹는다.

만두소 만드는 방법

1 만두소에 들어갈 닭고기는 곱게 다져 간장과 후춧가루를 섞어 밑간
  한다.

2 두부는 물기를 제거 후 으깬다.

3 무, 미나리, 표고버섯, 석이버섯, 대파는 다져서 준비한다.

4 팬에 참기름을 두르고 밑간을 한 닭고기를 볶다가 으깬 두부, 다진 무,
  다진 미나리, 다진 표고, 다진 석이, 다진 대파를 넣고 볶는다.

5 볶은 만두소에 잣가루를 섞고 만두피에 넣기 쉽도록 작은 구슬모양으
  로 만든다.

석류탕에 들어가는 만두는 얇게 빚어 작고 주름진 모양이 마치 약간 벌어진 석류 열매를 닮았다고 해서 석류탕이라고 불렸다. 실제로는 석류가 들어가지는 않는다.

과거에는 석뉴탕, 현대어로 바꾸면 석류탕(石榴湯)이다. 꿩고기나 닭고기를 무나 미나리 또는 파, 두부, 버섯, 후춧가루를 섞어 기름간장에 볶아서 소를 만들고, 밀전병을 부쳐 속에 고기 볶은 것을 넣어 오므려 싸준다. 그럼 이 오므린 만두의 모양이 석류같이 둥글게 빚어진다. 석류탕은 장국에 살짝만 데치고 국자로 상하지 않게 조심히 떠 담아 반찬으로 먹거나 서너 개씩 떠서 술안주로 먹기도 한다.

석류탕은 문헌에 기록되어 있을 만큼 진작부터 등장한 전통음식이기도 하다.

이 음식은 조리 시간도 길고 만두의 모양을 낼 때도 시간과 정성, 세심함을 요하기 때문에 바쁜 일상을 보냈던 서민들보다는 귀족과 부유층들이 주로 찾고 먹었던 음식이다.

기존의 김치만두나 고기만두와는 달리 석류탕의 소는 닭의 살 그리고 가을에 제 맛을 내는 무와 향긋한 미나리를 사용하기 때문에 맛이 순하고 담백하다. 또 무는 우리 몸의 소화력을 올려주기 때문에 더욱더 부담 없이 즐길 수 있는 음식이다. 게다가 얇게 구워낸 만두피가 하늘하늘하며 부드러워 단순히 안주로만 또는 반찬으로만 먹기에 아까울 정도로 예쁜 모습을 하고 있다.

제2장 우리의 전통 만두

제육 만두

우리 포의 새로운 모습

재료

만두피 재료
돼지고기(안심 또는 등심) 400g, 간장 20mL,
참기름 20mL, 천초 가루, 소금 조금, 진피가루 조금

만두소 재료
잣 가루 1/2컵, 꿀 15mL

만드는 방법

1 돼지고기는 지방과 근막을 제거하고 0.3cm 두
   께로 썬다.

2 간장, 참기름, 소금, 천초 가루, 진피가루를 넣어
   양념장을 만들어 썰어 둔 고기의 앞 뒷면에 골고
   루 바른다.

3 채반에 널어 앞뒤로 뒤집어가며 반건한다.

4 말린 포는 도마에 놓고 밀대로 두드리거나 밀어
   서 얇게 핀다.

5 얇게 핀 포에 잣 소를 넣고 말아 준다.

만두소 만드는 방법

1 잣은 고깔을 따서 가루 내고, 기름종이로 눌러
   기름기를 제거한다.

2 잣가루에 꿀을 넣고 섞어서 소를 만든다.

제육 만두는 돼지고기를 얇게 포를 떠 양념을 발라 볕에 말린 약포(藥脯)*를 만두피로 사용한다. 과거에는 잡은 고기를 오래 보관하기 위해 포를 만들거나 소금에 절여 두는 방식을 애용했다. 그 중 가장 맛있게 보관하는 방법은 고기에 간장과 기름을 발라 양념이 스며들어 짭짤하면서도 감칠맛이 도는 약포로 만드는 방법이다. 이 만두는 일반적인 만두피와는 확연히 달라 조선시대 만두피의 다양성을 보여주는 만두 중 하나라고 할 수 있다.

제육만두는 얇게 말린 약포를 사용해 일반적인 육포보다 훨씬 더 부드러운 식감을 가지고 있다. 소는 잣과 꿀을 섞어 만든 잣소로 찬이나 술안주, 귀한날에 대접받는 음식인데 귀한 잣과 귀한 꿀을 만두소로 사용한 것으로 보아 상류층에서 즐겨먹던 귀한 만두임을 알 수 있다.

* 약포(藥脯)
  얇게 저민 고기를 간장이나, 꿀, 기름 등 양념을 발라 말려 만든 포를 말한다.

《윤씨음식법》
돼지고기 안심살을 얇게 저며 간장과 기름을 넣고 재운 다음 널어서 반정
도 마르면 잣을 소로 넣어 만두로 빚는다. 빛깔이 부드럽고 맛이 좋다.

제육 안심술을 얇게 졈여 민 근쟝의 기름 쳐 지와 너엇다가 반건ㅎ거든 잣
소 너허 만두ㅎ면 빗치 연비ㅎ고 마시 샤셔ㅎ야 건치의셔 승흔 법ㅎ니라

해 바
삼 다
  의
만 산
두 삼
탕 육
  지
  로
  나
  오
  다

과거부터 해삼은 바다 '해(海)', 삼 '삼(蔘)'을 써서 '바다의 삼'이라 불릴 정
도로 약효가 뛰어나 자양강장의 대표적인 식재로 많은 문헌에 기록되어
있다. 날것으로 섭취할 때에는 오독오독한 식감이 일품이고 말려서 건해
삼으로 즐기면 쫄깃한 식감을 즐길 수 있다.

해삼은 일반적인 동물에서는 보기 드문 알칼리성 식품이다. 우리나라에
서는 식용이 가능한 돌기해삼의 종류를 크게 청해삼, 흑해삼, 홍해삼, 백
해삼으로 분류하고 있다.

해삼은 먹이에 따라 색이 달라져 이름도 다르게 부르고 있다. 청해삼과
흑해삼은 흙을 먹어 유기물을 흡수하고, 홍해삼은 해조류 중 홍조류를
먹고 살아 적색이 돈다.

청해삼은 국내에서 가장 큰 비중을 차지하고 있다. 국내에서 판매중인 해
삼은 대부분이 청해삼이며 아무래도 공급이 많은 만큼 가격이 상대적으
로 저렴하다. 흑해삼은 뻘에 주로 분포하고 있으며 대부분 국내보다 중국
에서 인기가 많다. 백해삼은 알비노 해삼이라고 부르며 돌연변이 종으로
효능은 일반 해삼과 별 차이가 없지만 희귀성으로 인해 높은 가격을 받
고 있다. 이 중에서는 홍조류를 먹고 자라는 홍해삼이 크기도 크고 효능
이 청해삼보다 좋다고 알려져 있다.

해삼 속에 만두소를 감싸 만두를 빚어 채소와 걸쭉한 육수물을 만들어
곁들여 먹는데, 해삼만두 겉에 걸쭉한 육수가 묻어 입안에서 향과 같이
어우러진다.

제2장 우리의 전통 만두

해삼의 종류

명칭	청해삼	흑해삼	홍해삼
서식지	해초/암초	어두운 뻘	암초지대(제주)
선호도	국내에서 생산되는 대부분을 차지할 정도로 선호도가 높음	중국에서 선호	일본에서 선호
먹이	유기물	유기물	홍조류

재료

만두피 재료
해삼 2개, 계란 1개, 밀가루 30g

만두소 재료
소고기 다짐육 200g,
다진 조갯살 30g,
다진 미나리 20g, 숙주 40g,
두부 100g, 생강즙 15mL,
소금 조금, 후춧가루 조금

육수 재료
쇠고기육수 500mL,
전분물 40mL, 양파 편 40g,
송이버섯 편 30g, 청경채 50g,
생강 채 조금, 고추기름 15mL,
후춧가루 조금, 소금 조금

고명 재료
실고추, 석이버섯 채

만드는 방법

1 불린 해삼 속에 밀가루를 묻히고 만두소를 채워 한입 크기로 썬다.

2 겉면에 밀가루와 계란물을 얇게 묻혀 팬에 굽는다.

3 육수는 고추기름에 채썬 생강과 편으로 썬 양파를 볶다 송이버섯 편, 쇠고기 육수, 청경채와 소금, 후춧가루를 넣고 끓으면 전분물을 넣어 걸쭉하게 농도를 맞춘다.

4 준비된 만두 위에 육수를 붓고 고명을 얹는다.

만두소 만드는 방법

1 소고기, 조갯살, 미나리는 다져 준비한다.

2 숙주는 데치고 다져 물기를 제거하고, 두부는 으깨서 면보로 물기를 제거한다.

3 소고기 다짐육, 다진 조갯살, 다진 미나리, 다진 숙주, 으깬 두부, 소금, 후춧가루, 생강즙을 넣고 섞는다.

건해삼 불리는 방법

1 냄비에 해삼과 물을 넣고 끓으면 불을 끄고 12시간 정도 뚜껑을 닫고 불린다.

2 12시간이 지나면 물을 갈아주고 한번 더 반복한다.

3 해삼이 어느정도 불었으면 가위로 가운데 배를 갈라 내장을 제거해주고 소금으로 겉면과 안쪽을 문질러 이물질을 제거한다.

4 다시 냄비에 물과 해삼을 담고 물이 끓으면 불을 끄고 뚜껑을 닫은 채로 12시간을 불린다.

5 마지막은 해삼의 흙냄새를 잡기 위해 술을 넣고 뚜껑을 열어 삶는다.

육만두

고기를 사랑하는 마음으로 빚은

재료

만두피 재료
다진 소고기(앞다리살) 400g, 감자전분 15g,
마늘가루 5g, 간장 20mL, 설탕 10g, 소금 조금,
후춧가루 조금

만두소 재료
두부 100g, 양파 20g, 부추 20g,
표고 3개, 숙주 150g, 목이버섯 20g,
통 들깨 20g, 다진 마늘 15g, 간장 15mL,
가자미 액젓 10mL, 들기름 20mL, 설탕 10g,
후춧가루 조금, 소금 조금

그 외 재료
종이 한지

만드는 방법

1 볼에 다진 소고기, 감자전분, 마늘가루, 간장, 설탕, 소금, 후춧가루를
   넣고 찰기가 생기도록 치댄다.
2 종이 한지 위에 소고기 80g을 동그랗게 펴주고 만두소 35g을 넣고 한
   지를 반으로 접는다.
3 반으로 접은 상태에서 모양을 잡는다.
4 종이 한지는 떼어내고 만두는 찜기에 넣어 8분간 찐다.

만두소 만드는 방법

1 두부는 물기를 제거해 으깨고, 숙주는 데치고 다져 물기를 제거한다.
2 표고와 목이는 불려 얇게 채를 썬다.
3 볼에 두부, 양파, 부추, 표고, 숙주, 목이버섯, 통 들깨, 다진 마늘, 간
   장, 가자미 액젓, 들기름, 설탕, 후춧가루, 소금을 넣고 섞는다.

제2장 우리의 전통 만두

육만두는 조선시대 궁중에서 육식을 하기 위해 잔칫날 즐겨먹던 음식이다. 육만두라는 명칭은 《정축진찬의궤(丁丑進饌儀軌)》(1877년)라는 문헌에 처음 거론되는데,* 고기를 먹기 힘들었던 시절 고기를 활용한 만두를 빚어 연회의 격을 높였다.

* 오순덕, 〈조선왕조 궁중음식 중 만두류의 문헌적 고찰〉,
　한국식생활문화학회, 136p

문헌에 의하면 육만두는 처음부터 살코기로만 만두를 빚지는 않았다. 의궤에 기록에 의하면 소의 내장인 천엽과 소의 위를 활용하여 만두피로 사용하고 닭이나 꿩 등 가금류나 육류를 다져 만두소로 사용하였다. 시간이 지나면서 육류의 공급이 비교적 쉬워지고 사람들의 먹거리가 풍족해지면서 내장류를 빼고 살코기만을 이용해 만두피를 만들고 육류와 채소의 조화를 위해 만두소를 채소로 사용하였다.

육만두는 만두 속에 들어있는 고기가 밖으로 나와 만두피를 하고 있어 첫인상은 조금 당황스럽고 신기하기도 하다. 겉모습은 떡갈비를 닮았고 깔끔하게 만져진 고기덩어리 하나가 턱 하니 접시에 올라와 있는 모습을 보면 "고기 속에 또 고기가 들어있을까?" 하는 궁금증을 유발하게 한다. 육만두의 만두소는 담백한 야채를 소로 넣어 무겁지 않아 부드러운 육만두를 즐길 수 있다.

규아상(미만두)

아삭아삭 더위를 풀어줄 여름 만두

재료

만두피 재료
밀가루 160g, 전분 30g,
뜨거운 물 100mL, 소금 2g

만두소 재료
다진 소고기 120g, 오이 2개, 건 표고버섯 2개,
다진 쪽파 30g, 간장 15mL, 설탕 8g, 참기름 5mL,
다진 생강 3g, 소금 2g, 후춧가루 조금

초간장 재료
식초 15mL, 간장 15mL, 물 10mL, 설탕 5g

부재료
담쟁이 잎

만드는 방법

1 밀가루, 전분, 소금은 섞어 체에 내린 뒤 뜨거운 물을 넣고 치댄다.

2 한 덩어리가 된 반죽은 공기가 통하지 않도록 하여 냉장고에서 1시간 숙성시킨다.

3 만두피에 만두소를 넣고 반으로 접어 가운데 부분부터 주름을 주며 해삼 모양으로 접는다.

4 모양을 잡은 만두는 담쟁이 잎으로 만두를 각각 싸서 물이 끓으면 찜기에 넣고 5분간 찐다.

만두소 만드는 방법

1 오이는 돌려 깎아 씨를 제거하고 채를 썰어 소금물(물 2큰술+소금 2g)에 버무려 20분간 절인다.

2 절인 오이는 면보에 싸서 물기를 제거한다.

3 표고버섯은 불려서 얇게 포를 뜨고 채 썬다.

4 팬에 소고기를 볶다가 표고, 오이, 쪽파, 간장, 설탕, 참기름, 다진 생강, 후춧가루를 넣고 볶는다.

5 볶은 만두소는 쟁반에 넓게 펴서 식힌다.

* 만두소는 다 익었기 때문에 만두피가 익을 정도만 찐다.

규아상은 수라상에 올라가는 대표적인 궁중 전통 만두 중 하나다. 여름에 상하기 쉬운 만두를 더 오래 보관하기 위해 담쟁이 잎으로 감싸 만두를 쪄내는 전통방식을 이용한 궁중음식이다.

규아상의 모양은 해삼을 닮았는데, 과거 제주에서는 해삼을 '미'라고 불렀다. 규아상의 또 다른 이름은 '미만두'이다. 만두의 주름이 잡힌 모양을 보고 '미만두' 즉 해삼을 닮은 만두라고 불렀는데 옛날에는 음식의 이름을 비슷한 모양을 따라 지었다.

미만두와 규아상은 모양도 재료도 같다. 다만 조리 방법에서 약간의 차이가 나는데 미만두는 한번 삶아낸 것이고, 규아상은 찜기에 쪄내는 만두다.

규아상은 우리가 아는 따뜻한 만두와는 달리 시원하게 먹는 만두이다. 궁중에서는 더운 여름철에 열을 식히면서 수분 보충을 하기위해 만두의 재료를 달리하여 시원하게 만두를 먹었다. 여름철에 먹는 만두인 만큼 만두 속 재료를 보면 소고기, 오이, 표고버섯과 같이 쉽게 상하지 않는 재료들로 이루어져 있다.

가장 많이 들어가는 오이는 알칼리성으로 수분과 비타민 K를 많이 함유하고 있어 더운 여름날 영양소 보충과 갈증을 해소해주는데 도움을 준다. 또 규아상을 찔 때는 담쟁이 잎으로 규아상을 감싸 쪄내는데 담쟁이 잎으로 감싸는 이유는 예로부터 담쟁이 잎은 천연 방부제로 사용했기 때문이다. 고기나 생선은 담쟁이 잎으로 감싸 보관하면 쉽게 상하지 않았다. 지금도 담쟁이덩굴은 쉽게 볼 수 있는 식물이다. 약성이 좋아 잎, 뿌리, 줄기를 모두 약용으로 사용하며 바위, 나무 어디든 덩굴을 뻗으며 자라지만 흡수할 것이 없는 바위보다는 나무의 양분을 흡수하며 자라는 담쟁이덩굴을 최고로 친다.

제2장 우리의 전통 만두

녹하포자

《임원경제지》〈정조지〉 권7

선부록 변중(汴中)의 절식은 복날의 녹하포자(綠荷包子)이다.

【안 녹하포자를 만드는 방법은 마땅히 어린 햇연잎으로 생선살·버섯·죽순 따위를 싸고 푹 쪄 상에 올리는데, 연방어포(蓮房魚包) 만드는 법과 같다】

膳夫錄 汴中節食, 伏日綠荷包子.

【案 綠荷包子之制, 當用嫩新荷葉, 包裹魚肉·蕈·筍之屬, 烝熟薦之, 如蓮房魚包法】

재료

만두피 재료
햇연잎 4장

만두소 재료
흰살 생선살 450g, 데친 죽순 150g, 불린 표고버섯 6개, 불린 석이버섯 6장,
술 20mL, 간장 30mL, 소금 조금, 후춧가루 조금

만드는 방법

1 작은 연잎을 따서 젖은 행주로 깨끗이 닦는다.
2 연잎에 소를 160g 정도 넣고 감싸 만다.

만두소 만드는 방법

1 생선살의 껍질과 가시를 말끔히 제거한 다음 다져서 면보로 물기를 제
    거한다.
2 데친 죽순, 표고, 석이까지 모두 다지고 면보로 물기를 제거한다.
3 볼에 다진 생선살, 죽순, 표고, 석이, 술, 간장, 소금, 후춧가루를 넣고
    잘 섞이도록 치댄다.

녹하포자는 〈정조지〉 권7 절식지류(節食之類)에 수록되어 있다. 연방어포
와 소는 비슷하지만 만두피를 연방을 대신하여 연잎을 사용한다는 차이
점이 있다.
죽순과 생선살을 연잎에 담아 감싸주는데 속 재료를 감싸는 것은 복을 가
득 담고 있다는 의미로 한 해의 무탈을 기원하는 의미를 지니기도 한다.
우리나라는 지리적 특성상 봄, 여름, 가을, 겨울 사계절을 가지고 있다.
계절이 변하며 우리 몸은 각 계절에 적응하기 위해 몸속에서는 활발히
세포들이 움직이게 되는데 이때 음식으로 원기를 보충하여 도움을 주는
풍습이 생겨 아직도 절식 음식을 즐기는 문화가 많이 남아있다. 복날의
음식 중 하나인 녹하포자는 더운 여름 날 허한 기력을 북돋아 준다고 하
여 사람들이 더욱 즐겨 먹게 되었다.
당나라 때 중국에서 즐겨먹던 뤼허바오쯔[綠荷包子]와 녹하포자는 같은
만두종류라고 추측된다. 당시 중국과 조선은 활발한 문화적 교류를 통해
같은 음식을 절식으로 즐겼음을 알 수 있다.

제2장 우리의 전통 만두

편수

찬 육수와 어울리는 조각 만두

재료

만두피 재료
밀가루 200g, 물 100mL, 소금 2g

만두소 재료
소고기 150g, 애호박 100g, 다진 대파(흰) 30g,
불린 표고버섯 2개, 다진 생강 4g, 참기름 15mL,
간장 30mL, 산촛가루 조금, 소금 조금, 물 약간

부재료
잣

초간장 재료
간장 15mL, 산사 식초 15mL, 물 15mL, 설탕 5g

만드는 방법

1 밀가루와 소금을 섞고 고운체에 내린 뒤 물을 넣어 반죽해 한덩어리로
　만들어 공기가 통하지 않게 덮어 냉장고에서 1시간 숙성시킨다.

2 반죽은 10g씩 분할해서 만두피를 민다.

3 만두피에 만두소를 적당량 넣고 편수모양으로 접는다.

4 찜기에 만두를 넣고 약 6분간 찐다.

5 잣은 고명으로 올리고 초간장을 곁들인다.

* 취향에 따라 찬 육수를 곁들여 먹는다.

만두소 만드는 방법

1 애호박은 돌려 깎아 채치고 소금 2g, 물 2큰술을 넣고 버무려 절여주
　고 물기가 빠지면 면보로 물기를 제거한다.

2 소고기와 표고는 채 친다.

3 소고기채, 애호박 채, 다진 대파, 표고 채, 다진 생강, 참기름, 간장, 산
　촛가루, 소금을 넣고 섞는다.

제2장 우리의 전통 만두

편수는 차갑게 먹는 만두로 규아상과 함께 더운 여름날 더위를 식히기 위해 먹는 대표적인 여름 별미 만두 중 하나다. 문헌에 편수에 대한 기록은 빙허각 이씨가 저술한 《규합총서》에서 볼 수 있다. 기록에 의하면 편수는 개성의 향토음식으로 개성 지방에서 먹는 만두라고 하였고 다른 이름으로는 변씨만두라고 칭하였다. 또 다른 기록에는 편수의 다른 이름을 밀만두라고 하는데 밀만두는 《시의전서》에 기록된 만두로 편수와 같은 만두임을 찾아볼 수 있다.

편수와 비슷한 만두인 규아상은 쪄서 차갑게 먹는 만두라고 하면 편수는 차가운 육수를 곁들인 만둣국이라는 점에서 차이가 있다. 변씨만두에서 변형되었다는 추측도 있지만 문헌 기록의 혼동이 있을 수 있어 확실치 않다.

편수는 바닥을 보면 모양이 사각형이지만 윗면은 4개의 삼각뿔 형태를 하고 있다. 우리가 아는 만두와는 달리 모양을 잡기 위해 정성이 더 많이 들어가는 만두이다.

풋풋한 애호박을 채를 쳐 소금에 절인 다음 물기를 빼서 만두소로 이용한다. 쇠고기도 동일하게 썰고 볶아서 준비하는데 편수를 먹는 계절이 무척 덥다 보니 만두소에 들어가는 재료는 쉽게 상하지 않는 재료들로 엄선해서 고른다. 일반적으로 두부가 만두소로 자주 이용되지만 편수에는 두부가 들어가면 쉽게 상할 염려가 있기 때문에 넣지 않게 되었다. 편수라는 이름은 모양을 따서 지어졌는데 만두가 육수에 들어가 동동 떠있는 모습이 마치 조각병 모양을 닮았다고 하여 '편수(片水)'라고 지어졌다.

《시의전서》
일명 편수라 한다. 밀가루를 냉수에 반죽하여 얇게 밀고 네모반듯하게 자르되 작지 않게 자른다. 소는 만두소처럼 만들어 넣고 4귀를 한데 모아 네모반듯하게 잘 붙혀 빚는다. 삶는 것은 만두처럼 한다.

일명은 편슈라 밀가로 닝슈에 반죽ᄒ여 얄계 밀어 네모 반듯ᄒ계 버히되 되소는 죽게 말고 소는 만두 쇼 쳐로 민다라 귀거러 쓰셔 네모 반듯ᄒ게 ᄒ되 이 혜를 꼭 붓게 ᄒ여 삼기도 만두와 갓ᄐ니라

제2장 우리의 전통 만두

양편법

만두피 재료
첫번째 소의 양 300g, 전분 100g,
뜨거운 물 적당량, 술 50mL, 생강 10g, 소금 3g

만두소 재료
꿩고기 200g, 불린 석이버섯 20g, 불린 표고 4개,
다진 생강 5g, 식용유 20mL, 소금 조금,
후춧가루 조금, 천초 가루 조금

초간장 재료
식초 15mL, 간장 15mL, 맛술 5mL, 물 15mL,
설탕 10g

만두피 만드는 방법

1 깨끗이 세척한 소의 양은 술과 생강을 넣고 살짝 데쳐준 뒤 버들잎 모
   양으로 비스듬히 썬 다음 채를 썰고 다진다.

2 절구에 다진 소의 양과 소금을 넣고 전분과 뜨거운 물을 조금씩 넣어
   가며 찧어주는데 전분과 소의 양이 한 덩어리가 될 정도로 찧는다.

3 찧어 둔 만두피를 적당량 고르게 펴서 만두소를 넣고 접어 모양을 잡
   는다.

4 끓는 물에 빚은 만두를 넣고 10분간 삶아서 초간장과 곁들여 먹는다.

만두소 만드는 방법

1 꿩고기, 석이, 표고, 생강을 잘게 다져서 소금, 후춧가루, 천초 가루를
   넣고 섞는다.

2 팬에 식용유를 두르고 준비된 만두소를 볶는다.

Tip

초간장에 곁들여 먹는다.
만두피와 만두소는 어느정도 익혀서 만들었기 때문에 오래 삶지 않는다.
전분을 너무 많이 넣으면 부드럽지 못하고 너무 적게 넣으면
삶을 때 풀어지고 빚기가 어렵다.

1800년대 말엽에 쓰여진 저자 미상의 조리서인 《술 만드는 법》에 기록된 양편법(胖片法)이라는 만두는 소의 1번, 2번 양을 만두피로 사용하여 만든 양만두의 일종이다. 지금은 소의 부산물인 내장을 싸고 하찮게 생각하지만 조선시대에는 소의 부산물로 만든 음식은 몸이 허약한 사람에게 기를 북 돋아주는 최고의 보양식으로 생각했다. 내장은 지방이 적고 각 부위별로 영양이 풍부하여 최고의 스태미나 식품으로 뽑힌다.

현대에는 먹을거리가 풍족해지면서 소의 내장은 대우를 받지 못하게 되었다. 소의 살코기에 비해 냄새를 잡기 힘들며 번거로운 세척과정을 거쳐야 하는 수고스러움이 있다. 또 내장을 먹는 사람들의 수요가 줄면서 과거에는 다양했던 내장으로 만든 음식들의 가짓수가 현대에 와서는 국밥, 곱창 등 몇 가지를 제외하고는 많이 사라지게 되었다.

《술 만드는 법》에 기록된 양편법은 지금은 사라진 내장으로 만든 음식 중 하나다. 비슷한 조리법으로는 조선시대 의궤에 기록 되어있다. 의궤에 기록된 양만두의 내용을 보면 소의 양과 천엽 부위를 얇게 펴서 두드려 준 뒤 만두소를 감싸 대꼬치로 꿰는 방식으로 만두를 빚었다.

이번에 복원한 양편법은 양의 수축현상을 방지하고 질긴 양을 부드럽게 먹기 위해 소의 양을 한번 삶아 얇게 다지고 전분과 섞어 만두피 반죽을 만들어 양만두의 단점을 극복했다는 점에서 무척 흥미로웠다.

《술 만드는 법》 양편법

성하고 좋은 소의 위를 깨끗이 씻어 느른하게 다지고 녹말가루를 함께 넣고 절
구에 매우 찧어 양과 녹말가루가 한 덩어리가 되게 한다. 꿩고기, 소고기, 돼지
고기 중에 한 가지를 다져서 만두처럼 양념을 하여 볶고 소의 위 두드린 것에
소를 넣고 떡처럼 빚는다. 물을 끓여서 데쳐 초간장에 먹으면 어만두와 같으며
맛이 더욱 좋다. 녹말가루를 너무 많이 넣으면 부드럽지 못하고 너무 적게 넣으
면 빚기가 어렵고 헤어질 염려가 있으므로 알맞게 넣고 찧어야 좋다.

양편법(胖片法)

셩ᄒ고 죠흔 양을 졍ᄒ게 삐셔 나란ᄒ게 두다려 녹말가로를 너허 졀구에 셔키를
흡ᄒ도록 미우 삐어 ᄒᆫ 덩어리가 되거든 셩치나 황육이나 계육이나 셰 가지 즁
에 두다려 만두쳐럼 양념 갓쵸ᄒ야 복고 양 두다린 거셜 ᄌᆞ르라히 그 쇼 너허 떡쳐
럼 비져 물 쓰리고 데쳐 ᄂᆡ야 쵸지령에 ᄒᆞ면 어만두 갓ᄒ되 맛시 더 나흐니라 녹
말를 너무 만이 너흐면 연ᄒ지 아니ᄒ고 너무 져그면 빗기 어렵고 허여질 염려 잇
스니 알맛치 셕거 삐여야 죳코 술물 젹에도 제 몸을 감아 술무면 안이 터지ᄂᆞ니라

명태껍질 만두

두드리면 벗겨지리

재료

만두피 재료
말린 명태껍질 10장

만두소 재료
불린 찹쌀 100g,
다진 돼지고기 50g,
다진 대파 20g, 다진 마늘 10g,
산촛가루 3g, 참기름 15mL,
조선간장 10mL, 소금 조금

그 외 재료
솔잎

곁들일 간장 재료
물 10mL, 식초 10mL,
간장 10mL, 고춧가루 조금

만드는 방법

1 말린 명태껍질은 지느머리를 가위로 제거하고 솔잎과 함께 물에 20분정도 담가놓는다.

2 불린 명태 껍질은 물기를 제거한 후 칼등으로 살살 밀어 껍질에 불순물을 제거한다.

3 도마에 명태껍질을 넓게 펴고 만두소를 너무 꽉 차지 않을 정도로 넣고 만다.

4 찜기에 물이 끓으면 만두를 넣고 13분간 찐다.

만두소 만드는 방법

1 6시간 이상 불린 찹쌀을 20분간 찌고 10분간 뜸을 들여 찹쌀밥을 만든다.

2 팬에 돼지고기, 대파, 마늘, 조선간장을 넣고 볶는다.

3 찹쌀밥에 볶은 재료와 참기름, 산촛가루를 넣고 소금으로 간을 맞춰 만두소를 만든다.

제2장 우리의 전통 만두

Tip
명태껍질을 고를 때는 찢어지지 않고 크기가 너무 작지 않아 만두를 싸기
좋은 크기에 황금빛이 도는 것을 고른다.

명태는 이름이 다양하다. 가공하는 법, 잡는 방법, 시기, 지역에 따라서 이름이 무려 60여 가지가 된다. 잡는 방법과 잡는 시기에 따라 여러 이름으로 불리게 되는데 계절에 따라 부르는 이름도 다르다.

봄에 잡은 것은 춘태(春太), 가을에 잡으면 추태(秋太), 겨울에 잡는 것은 우리가 잘 아는 동태(冬太)라고 불린다. 건조하는 방법에서도 이름이 달리 불린다. 갓 잡아 올린 명태는 생태(生太), 얼린 것은 동태, 반건조 한 것은 코다리, 완전히 말린 것은 북어(건태, 乾太), 황금빛이 나게 겨울내 눈과 바람을 맞은 것을 황태(黃太)라고 부른다. 또 요즘 술안주로 인기 만점인 먹태(흑태, 黑太)는 검은색을 띠고 있다.

명태는 잡는 방식에 따라서도 달리 부른다. 그물을 사용해서 잡은 망태, 낚시로 잡은 조대, 원양 어선에서 잡아온 것은 원양태, 우리나라 인근에서 잡아온 것은 지방태라고 부른다.

이렇게 수많은 이름으로 불리는 명태는 대가리부터 꼬리, 내장까지 모든 부위를 먹는다.

명태껍질 만두는 명태의 말린껍질을 이용해 속에 양념한 찹쌀밥을 만두소로 넣어 빚은 만두이다. 명태껍질이 남들이 보기에는 보잘것 없지만 찜기에 찌고 나면 겉면에 콜라겐이 나와 만두를 따로 잡아주지 않아도 만두피에 접착력이 생겨 만두소가 터져나오지 않는다.

명태껍질 만두는 일반 만두와 달리 쫀득한 맛이 일품이다. 전분과 밀가루를 사용하지 않아도 명태껍질 특유의 쫄깃함과 찹쌀밥의 차진 맛이 조화를 이룬다. 주로 이북에서 명태껍질을 이용해 만두를 만들어 먹었는데, 이북에서는 파 채와 초간장을 곁들여서 만두를 먹곤 했다.

천엽 만두 ── 천 장의 만두를 빚는다는

재료

만두피 재료

천엽 100g, 생강즙 10mL,
소주 20mL

만두소 재료

소의 간 30g, 소의 양 20g,
소의 허파 30g, 소의 선지 30g,
다진 대파 30g, 다진 생강 4g,
다진 마늘 1큰술, 불린 찹쌀 20g,
다진 청양고추 20g, 다진 방앗잎 10g,
들깨가루 3큰술, 간장 1큰술,
참기름 1큰술, 후춧가루 조금,
소금 조금, 전분 조금

부재료

밀가루, 소금, 미나리 줄기

기름장 재료

소금 1/3작은술, 참기름 1큰술

만드는 방법

1 천엽은 한 장씩 들춰가며 밀가루와 소금을 이
   용해 깨끗이 세척하고 한 장씩 칼로 살살 밀어
   검은 막을 벗겨준다.

2 끓는 물에 생강즙과 소주를 넣고 천엽을 살짝
   데친다.

3 데친 천엽은 안쪽 면에 전분 가루를 묻히고 만
   두소를 넣어 복주머니 모양을 만드는데 미나리
   나 쪽파를 이용해 매듭을 지어준다.

4 찜기에 물이 끓으면 만두를 올려 10분간 쪄준다.

* 만두소의 양에 따라 찌는 시간을 달리한다.

* 천엽을 데치지 않고 만두를 만들면 찔 때 만두가 다
   오므라들어 터져버린다.

만두소 만드는 방법

1 간, 양, 허파는 밀가루와 소금을 넣고 세게 치
   대서 깨끗이 세척한다.

2 양은 검은 막을 벗겨서 흰색이 나오게끔 하고
   곱게 다진다.

3 간, 허파는 겉면에 있는 얇은 막을 벗기고 곱게
   다진다.

4 곱게 다진 내장에 선지, 다진 대파, 다진 생강,
   다진 마늘, 다진 고추, 다진 방앗잎, 들깨가루,
   간장, 후춧가루, 소금, 참기름. 전분가루, 다진
   찹쌀을 넣고 치대준다.

제2장 우리의 전통 만두

Tip

선지는 약간의 간이 돼있어서
소금을 넣을 때 조금만 넣어준다.
선지가 익으면서 만두소에
면견 역할을 해준다.

172

소는 예로부터 우리에게 친근한 동물이며 옛 문헌에도 나라에서 소 잡는 일을 금하는 우금령(牛禁令)을 내릴 정도로 소는 농사에 없어서는 안 될 귀한 동물이었다. 이처럼 소는 농민에게는 한 해 농사를 함께 하는 소중한 가족이었고, 죽어서는 고기부터 내장까지 모든 것을 아낌없이 내어준다.

천 장의 잎이 겹쳐진 모습과 비슷하다고 알려진 소의 3번째 위인 '천엽(千葉)'은 깨끗이 세척해 만두피로 사용하면 오돌도돌한 식감이 재미있고 곡물 가루를 사용하지 않아도 꽤 훌륭한 만두피가 된다. 소의 내장인 간, 양, 허파, 천엽과 칼슘이 풍부한 선지를 재료로 사용한 천엽만두는 저지방 고단백 음식이다.

과거에는 소의 여러 내장의 맛을 다양하게 즐기기 위해 다양한 조리법으로 음식을 만들어 먹었으나 지금은 소 내장의 잡내 때문에 탕이나 구이로 주로 즐기게 되면서 소 내장을 활용한 다양한 음식은 찾아보기 힘들게 되었다.

소의 내장으로 만든 천엽만두는 조선 시대에 즐겨 먹었던 음식으로 《주찬(酒饌)》에는 왕이 하사했던 음식으로 기록되어 있다. 소의 내장을 활용해 만두를 만든다는 발상은 다소 생소하게 느껴졌으나 맛은 고급스러운 순대의 풍미가 느껴져 일반 만두와는 다른 색다른 맛을 느낄 수 있다.

우리의 향토 만두

이 장에서는 지역마다 고유의 색을 간직한 향토 만두 8가지를 소개한다. 지금은 음식의 지역색이 많이 없어졌지만 교통이 발달하지 않았던 시절에는 지역 간의 물자이동이 어려워 고개만 넘어도 음식이 달랐다. 만두도 주변에서 쉽게 구하는 식재료로 빚었다. 바다를 접한 곳의 만두, 강원 산간지역의 만두, 내륙 산간지역의 만두가 각기 달랐다. 지역색이 강한 향토 만두는 대체로 소박하고 단순하지만, 식재료가 좋아 맛이 깊어 음식이 추구하는 본질을 충족시킨다. 향토 만두는 오랜 세월 지역에서 내림되었지만 농촌 인구의 고령화로 사라질 위기에 놓여있다. 우리의 향토 만두가 맥이 이어져 대구십미(大丘十味) 중 하나인 납작만두*처럼 세상에 널리 알려지기를 바란다. 환경이 변하고 형편이 달라졌기 때문에 전통 향토 만두를 기반으로 지역특산물로 자리 잡은 새로운 식재료를 더해 새로운 향토만두를 개발한다면 향토만두의 발전에 도움이 되리라 생각한다.

---

* 납작만두 : 6,25전쟁 이후 등장한 대구의 납작만두는 물자의 부족함이 낳은 만두라고 하지만 전통에 기반한 만두다. 납작만두는 고기를 넣지 않고 간단하게 당면과 부추 등을 넣는다. 빨리 조리되고 쉬지 않도록 네모모양으로 납작하게 만든다. 납작만두는 여름에 채소만을 넣고 쉬지 않도록 피를 얇게 넣어 납작하게 만든 편수에서 유래하였다. 전통에 기반하여 대중화에 성공한 만두가 바로 대구의 납작만두라고 할 수 있다.

제2장 우리의 전통 만두

막가리 만두

강원도 할머니의 손맛

재료

만두피 재료
감자 3개, 감자전분 적당량, 소금 조금

만두소 재료
돼지고기 150g, 부추 20g, 불린 표고버섯 3개,
애호박 30g, 두부 40g, 대파 20g, 간장 30mL,
다진 마늘 7g, 깨소금 5g, 참기름 15mL, 소금 조금

제2장 우리의 전통 만두

만드는 방법

1 감자를 강판에 갈고 면보로 물기를 짜주는데 이때 나오는 물의 윗물은
   버리고 가라앉은 앙금만 사용한다.

2 면보 속의 감자건지는 찜기에 면보를 깔고 5분간 찐다.

3 쪄낸 감자에 소금, 가라앉힌 앙금, 전분을 넣고 치대서 만두피 반죽을
   만든다.

4 반죽을 60g 정도로 분할해서 만두소를 넣고 모양을 빚는다.

5 찜기의 물이 끓으면 만두를 넣고 약 8분간 찐다.

만두소 만드는 방법

1 돼지고기, 부추, 애호박, 대파는 다진다.

2 표고와 두부는 물기를 제거 후 표고는 다지고 두부는 으깬다.

3 부추를 제외한 모든 만두소 재료를 한데 넣고 골고루 섞다가 마지막에
   부추를 넣고 살짝 섞는다.

맛이 좋고 품질이 뛰어나 감자의 고장이라고 불렸던 강원도는 지금도 감자의 대표 산지다. 감자로 만드는 여러 음식 중에서 막가리 만두는 강원도의 대표적인 향토음식으로 "감자를 막 거칠게 갈아서 만든다."라는 의미를 담아 막가리 만두라는 이름이 지어졌다. 생감자를 거칠게 갈아 감자전분과 소금만으로 반죽해 만든 만두피는 쫀득함과 구수한 맛이 일품이며 감자 옹심이와 비슷하다. 거친 단면에 투박한 모양을 가지고 있어 막가리 만두의 이름에 걸맞은 생김새이지만 맛과 만드는 과정은 이름과는 어울리지 않게 많은 수고로움과 정성이 필요하다.

18세기 즈음 한반도에 감자가 들어오게 되면서 북부지방부터 강원도의 산간지역까지 도입되었다. 시간이 흘러 이제 우리나라에서 감자라고 하면 강원도를 꼽는다. 강원도는 기후가 춥고 농지보다는 산간지역이 대부분이다 보니 곡식 재배에 적합하지 않아 식량이 부족하여 메밀과 감자 같은 구황작물 재배가 활발히 이루어졌다. 이로 인해 곡식으로 만드는 음식보다는 감자 한 가지의 재료로 다양한 맛을 내기 위한 음식들이 발전해 왔다.

제2장 우리의 전통 만두

참나물 굴림 만두

평안도 향토 음식

재료

만두피 재료
녹두전분 50g

만두소 재료
다진 돼지고기 100g, 다진 소고기 100g,
갈은 돼지비계 30g, 참나물 60g, 두부 80g,
당근 20g, 숙주 30g, 대파 30g, 홍고추 15g,
잣가루 10g, 생강즙 10mL, 참기름 10mL,
간장 30mL, 후춧가루 조금, 소금 조금, 전분 적당량

만드는 방법

1 두부는 물기를 제거해서 으깬다.

2 참나물과 숙주는 데쳐서 물기를 제거한 후 다진다.

3 데친 숙주, 당근, 대파, 홍고추를 모두 다져 준비한다.

4 만두소 재료들은 한데 모아 찰기가 생기도록 골고루 섞어서 전분을 넣
   어가며 되기를 맞춘다.

5 3cm 정도 크기로 분할하여 동그랗게 만들어 전분에 굴린다.

* 전분을 제대로 묻혀야 장국에 끓였을 때 만두가 풀어지지 않는다.

6 취향에 맞게 장국을 준비해 굴림만두를 넣고 떠오르면 건져 장국과 함
   께 낸다.

밀이 귀한 시절 만두를 즐기기 위해 탄생한 만두이다.

굴림만두는 궁중음식에서 처음 시작되었는데 시초는 준치의 가시를 발라 살을 다져 만두소로 사용하였다. "떡살 먹자는 송편이요 소 먹자는 만두"라는 말이 있듯이 만두에서 가장 중요한 것은 만두소의 맛이다. 이렇듯 만두소의 맛을 가장 잘 느낄 수 있게 만든 음식이 바로 굴림만두다.

굴림만두는 평소에도 만두소만 준비되면 전분에 굴려 찌는 과정 없이 장국에 삶아 부드러운 맛을 잘 느낄 수 있고, 장국과 함께 내거나 탕에 완자 대신 넣을 수 있어 한끼를 든든하게 할 수 있는 것이 가장 큰 장점이다.

제2장 우리의 전통 만두

썩힌 감자 만두

강원도의 진또배기 감자

재료

만두피 재료
썩힌 감자전분 200g,
끓는 물 120mL, 소금 조금

만두소 재료
팥 100g, 땅콩 20g,
설탕 1큰술, 소금 조금

만드는 방법

1 썩힌 감자전분에 소금을 넣고 끓는 물을 조금 씩 넣어가며 익반죽을 한다.
2 반죽을 적당량 떼서 만두소를 넣고 반으로 접 어 모양을 빚는다.
3 물이 끓으면 만두를 넣고 10분간 찐다.

만두소 만드는 방법

1 팥은 하룻밤 불려 소금 1작은술을 넣어 삶고 알 맹이가 어느정도 남을 정도만 으깬다.
2 땅콩은 쪄서 거칠게 으깬다.
3 으깬 팥과 으깬 땅콩, 소금, 설탕을 넣고 섞는다.

썩힌 감자전분 만드는 방법

1 감자를 깨끗이 세척해서 용기에 담고 감자가 잠 길 정도까지 물을 채운다.
2 뚜껑을 닫고 비닐로 한 겹 더 싸서 냄새가 빠져 나오지 않게 한다.
3 선선한 곳에서 3개월 정도 썩힌다.
4 썩힌 감자는 큰 용기에 부어 주물러 전분을 빼 낸 뒤 껍질은 버린다.
5 전분을 물에 헹구고 가라앉혀 뜬 물을 버리는 과정을 깨끗한 물이 나올 때까지 반복한다.
6 맑은 물이 나오면 뜬 물은 버리고 전분을 넓은 쟁반에 얇게 펴서 햇볕에 말린다.
7 중간중간 덩어리들은 고운체로 친다.

제2장 우리의 전통 만두

Tip

감자를 썩힐 때 처음부터 껍질을 제거해서 썩히면
추후 세척 과정에서 훨씬 편리하게 작업을 할 수 있다.
껍질째 썩힐 때는 양파망과 같은 곳에 넣어서 썩히면
추후 껍질 제거가 편리하다.
국내 감자는 분함유량이 적어 전분을 많이 내기
위해서는 러셋감자를 사용하는 것이 좋다.
감자 썩는 냄새가 굉장하니 밀봉을 꼼꼼히 해주고
실내보다는 실외에 두는 것이 좋다.

강원도 시골에서는 감자 농사를 짓고 난 뒤 알이 작거나 상품성이 없는 감자는 한데 모아 얼리거나 썩혀 감자전분을 만들었다. 이렇게 만든 전분은 강원도 대표의 언 감자전분과 썩힌 감자전분이 된다.

감자는 구황작물로 먹거리가 없던 시절 사람들의 배를 채워주었다. 감자를 오래 보관하기 위해 우리 조상들은 얼리거나 썩혀서 전분을 만들었는데 이렇게 만든 전분은 일반 전분과는 달리 고무줄같은 쫄깃함을 가지고 있으며, 벌레도 안 꼬이고 몇 년을 보관해도 변질이 되지 않아 장기간 보관에 유용하다.

썩힌 감자전분의 맛은 일반 감자전분보다 맛이 깊고 감칠맛과 식감이 쫄깃하지만 약간의 쿰쿰한 냄새도 난다. 오래 전부터 강원도에서는 감자옹심이, 만두인 밴새 등 감자를 이용한 요리에 썩힌 감자전분이 꼭 들어갔는데, 들어가지 않은 감자요리는 진짜가 아니라는 말이 있을 정도다.

현대에는 감자전분을 쉽게 구할 수 있어 직접 전분을 만드는 수고를 하지 않게 되면서 썩힌 감자전분은 점차 귀하게 여겨졌다.

썩힌 감자전분은 일반 감자전분을 만드는 방식보다 훨씬 더 고된 과정을 거쳐야 된다. 감자를 썩히는 냄새는 엄청 지독하고 이 냄새가 온 동네에 퍼져 도시에서는 시도조차 불가능하다. 또한 시간도 오래 걸리고 맑은 물이 나올 때까지 여러 번 물을 갈아줘야 된다. 이렇듯 번거로운 과정을 거쳐 만든 썩힌 감자전분은 들어간 감자의 무게의 10~15% 정도밖에 안 되기 때문에 굉장히 귀한 재료이다.

3개월간 감자를 썩혀 알맹이는 전분이 되어 가라앉았고 껍질만 남아 있다.

제2장 우리의 전통 만두

백령도 짠지떡 만두

섬사람의 만두 사랑이 만들어 낸

짠지는 김치를 뜻하는데 무, 배추 따위를 절인 것을 황해도와 함경도에서는 짠지라고 부른다. 북한과 가까운 백령도는 북한 음식의 영향을 많이 받았는데 당시 이북에서 넘어온 실향민들이 고향을 그리워하며 만든 음식이다.

백령도는 육지와 거리가 먼 외딴 섬으로 다양한 식재들을 접하지 못하였다. 하지만 백령도는 농업이 가능한 토지와 지면 조건으로 인해 구황작물인 메밀을 재배하여 만두를 빚어 먹었다.

당시에는 밀가루를 쉽게 구할 수 없었기 때문에 만두를 만들기 위한 만두피는 찹쌀가루와 메밀가루를 이용해서 만들었다. 만두소는 섬에서 구할 수 있는 저장성이 높은 김치와 해안 바위에 자생하는 굴로 만들었는데 이 만두가 바로 짠지떡이다. 겉은 일반 만두피와는 달리 찹쌀가루가 들어가 떡처럼 쫄깃한 식감이 나는데, 이 때문에 만두라 부르지 않고 떡이라 불렀다. 굴이 익으면서 만두 속은 바다의 향과 김치의 감칠맛이 조화를 이루는데 한번 먹으면 계속 먹게 되는 중독성을 가지고 있는 맛있는 만두이다.

제2장 우리의 전통 만두

재료

만두피 재료
메밀가루 80g, 찹쌀가루 80g,
밀가루 40g, 뜨거운 물 90mL,
소금 2g

만두소 재료
신 김치 100g, 굴 70g,
들기름 20mL, 설탕 10g,

겉에 바르는 재료
들기름

만드는 방법

1 메밀가루와 찹쌀가루, 밀가루, 소금을 섞어 고운체에 두 번 내린다.

2 섞은 가루에 뜨거운 물을 조금씩 부어가며 치댄다.

3 한덩어리가 된 반죽을 공기가 통하지 않게 덮어 냉장고에 1시간 정도 숙성시킨다.

4 반죽을 적당량 분할해서 밀대로 두께감이 있게 민다.

5 만두피에 소를 감싸 반달로 접고 밥그릇으로 눌러 바람떡모양을 만든다.

6 찜기의 물이 끓으면 면보를 깔고 만두를 올려 12분간 찐다.

7 쪄낸 만두는 겉면에 들기름을 바른다.

만두소 만드는 방법

1 김치는 물기를 짜주고, 굴은 소금물에 살짝 헹궈 끓는 물에 식초를 조금 넣어 살짝 데친다.

2 김치는 잘게 다지고, 굴은 거칠게 다진다.

3 다진 김치와 굴, 설탕, 들기름을 넣고 섞는다.

제 2 장 우리의 전통 만두

맛깔나는 종갓집 손맛

무 만두

재료

만두피 재료
전분 60g

만두소 재료
무 반개, 다진 소고기 200g, 두부 100g, 석이버섯 2장, 대추 2개, 참기름 15mL,
깨소금 10g, 소금 조금

잣즙 재료
잣 50g, 물 150mL, 식초 20mL, 설탕 5g, 소금 조금

만드는 방법

1 깨끗이 씻어 껍질을 제거한 무는 골고루 익히기 위해 두께 2cm정도로
  잘라서 찐다. 한쪽에 대추도 넣어 같이 찐다.
2 익힌 무와 두부를 면보에 감싸 물기를 제거한다.
3 석이버섯은 채 썰고, 찐 대추는 씨와 껍질을 제거해서 으깬다.
4 다진 소고기, 무, 두부, 석이버섯, 대추, 소금, 깨소금, 참기름을 넣고
  치대 만두소를 만든다.
5 준비된 만두소를 숟가락 두 개로 타원형으로 모양을 잡아주고 겉면에
  전분을 묻힌다.
6 전분을 묻힌 만두는 찜기에 넣고 10분간 찐다.
7 쪄낸 만두를 그릇에 담고 잣즙을 같이 곁들여서 담는다.

잣즙 만드는 방법

1 잣, 물, 설탕, 소금을 믹서에 넣고 간다.
2 갈은 재료는 체에 내려 맑은 즙만 취하고 식초를 넣고 섞는다.

오랜 세월동안 한 집안의 식문화를 품고 있는 종가 음식 중 하나인 무만
두는 굴림 만두의 일종이다. 재료들 맛이 온화하며 밀가루를 사용하지
않고 전분을 묻혀 소화가 편하면서도 밀가루피로 감싼 만두와는 달리
깔끔함과 부드러운 맛을 지니고 있다. 또 소화를 도와주는 무를 주재료
로 사용해 고기가 들어가도 속을 편하게 해준다.
무만두를 만들 때는 무의 초록부분을 사용하면 무의 단맛이 더 느껴지고,
부드러운 무만두에 잣즙을 더하게 되면서 맛이 한층 더 고급스러워진다. 잣
즙에 약간의 초를 가미하니 새콤하면서도 고소한 맛이 입맛을 자극한다.
지금도 귀한 식재료인 잣을 더해줘 영양을 높이며 음식의 맛과 모양도 고
급스러워 누구에게나 대접하기 좋은 음식이다.

제2장 우리의 전통 만두

절인 무 만두

익혀도 아삭아삭한 무의 새로운 모습

재료

만두피 재료
무 1/2개(쌈무로 대체 가능)

만두소 재료
닭가슴살 150g, 두부 100g, 부추 20g,
청양고추 20g, 계란 노른자 1개, 건표고 1개,
마늘 10g, 전분 15g, 간장 15mL,
후춧가루 조금, 산촛가루 조금

절임물 재료
소금 1: 물 10 : 식초 3 비율로 배합

만드는 방법

1 무는 0.1~0.2mm로 얇게 썰어 절임 물에 담가 무가 휘어질 때까지 절
인다.

2 절인 무는 물기를 제거한다.

3 준비한 만두피에 소를 넣고 반으로 접는다.

4 물이 끓으면 찜기에 만두를 넣고 10분간 찐다.

만두소 만드는 방법

1 닭가슴살, 부추, 청양고추, 마늘은 다지고, 두부는 물기를 짜서 으깬다.

2 건표고는 불려서 물기를 제거해서 다져준다.

3 닭가슴살, 두부, 청양고추, 다진 마늘, 계란노른자, 전분, 간장, 후춧가
루를 넣고 섞다가 마지막에 부추를 넣고 가볍에 섞는다.

제2장 우리의 전통 만두

저칼로리 고단백 음식으로 다이어트하는 사람들과 운동하는 사람들에게 추천하는 만두이다. 닭가슴살은 닭의 부위 중 가격도 저렴하고 단백질 함량이 100g 당 23g으로 높을 뿐만 아니라, 지방질 또한 적어 운동하는 사람들이 단백질을 보충하기 위해 즐겨 찾는 재료이다.

닭가슴살은 지방질이 적은 탓에 식감이 퍽퍽하여 먹기 좋은 부위는 아니다. 하지만 닭가슴살을 곱게 다지고 또 하나의 고단백질 식품인 부드러운 두부를 같이 섞으면 닭가슴살의 단점을 보완할 수 있을 뿐 아니라 영양이 배가 된다. 거기에 소화를 돕기 위해 무를 만두피로 사용하여 찌는 과정에서 무의 감칠맛과 단맛이 만두소로 배어들어 탄수화물이 없이 건강하면서도 맛있는 만두를 만들 수 있다.

Tip
쌈무로 대체할 때는 맹물에 담가 맛을 연하게 한다.

초고추 만두

매운맛 속의 감칠맛

재료

만두피 재료
밀가루 120g, 전분 30g, 뜨거운 물 75mL, 소금 1g

만두소 재료
다진 돼지고기 150g, 초고추 50g, 불린 당면 60g, 숙주 60g,
대파 20g, 찹쌀밥 40g, 다진 마늘 8g, 설탕 8g, 참기름 15mL, 소금 조금,
후춧가루 조금

초고추 재료
고추 40개, 양조간장 150mL, 환만 식초 75mL, 설탕 80g, 올리고당 30g,
물 200mL, 산초 3g, 시라 2g, 감초 1개

만드는 방법

1 밀가루, 전분, 소금을 섞고 고운체에 내린 뒤 익반죽을 한다.

2 한덩어리로 만든 반죽은 공기가 통하지 않게 덮어 냉장고에서 1시간 숙
성시킨다.

3 완성된 반죽은 원하는 크기로 분할해서 덧가루를 묻혀가며 밀대로 얇
게 민다.

4 만두피에 만두소를 듬뿍 넣고 만두를 빚는다.

5 물이 팔팔 끓는 찜기에 만두를 넣고 9분간 찐다.

매콤하고 짭조름하면서 새콤한 맛으로 한국인의 입맛을 사로잡은 고추장아찌가 있다.

고추 수확철이 되면 사람들은 고추를 이용하여 1년 반찬을 준비하기 시작한다. 고추 장아찌를 만들어 놓으면 매운맛이 중화돼서 매운 것을 잘 못먹는 사람도 어렵지 않게 고추를 먹을 수 있고, 자꾸만 손이 가는 매력적인 반찬이 된다.

간장, 식초 등 양념을 넣고 끓인 뒤 고추에 붓고 숙성시킨 것을 초고추라고 하며 비슷하게는 소금물에 장기간 삭힌 지고추도 있다. 잘게 다져 만두소로 사용하면 고추의 시원한 매운맛과 함께 간장에 절여지면서 고추에 스며든 간장의 감칠맛이 만두소에 배어들어 특별한 재료 없이 초고추만으로도 맛있는 맛을 낼 수 있다.

만두소 만드는 방법

1 초고추는 잘게 다져 체에 받친다.

2 숙주는 끓는 물에 데쳐 찬물에 식힌 뒤 다져서 물기를 제거하여 준비
한다.

3 당면, 대파, 마늘은 다진다.

4 볼에 다진 돼지고기, 초고추, 불린 당면, 숙주, 대파, 찹쌀밥, 다진 마
늘, 설탕, 참기름, 소금, 후춧가루를 넣고 섞는다.

초고추 만드는 법

1 고추는 깨끗이 세척해서 꼭지를 완전 따지는 말고 짧게 자른다.

2 장이 잘 스며들도록 고추에 이쑤시개로 구멍을 3~4군데 뚫는다.

3 감초와 물을 팔팔 끓이다가 간장, 설탕, 올리고당, 시라, 산초를 넣고
끓으면 마지막에 식초를 넣고 한번 더 끓이면 불을 끈다.

4 끓인 장을 식히지 말고 고추에 바로 붓고 고추가 뜨지 않게 돌을 올린다.

5 이렇게 만든 초고추는 4일 정도 지난 후에 먹을 수 있다.

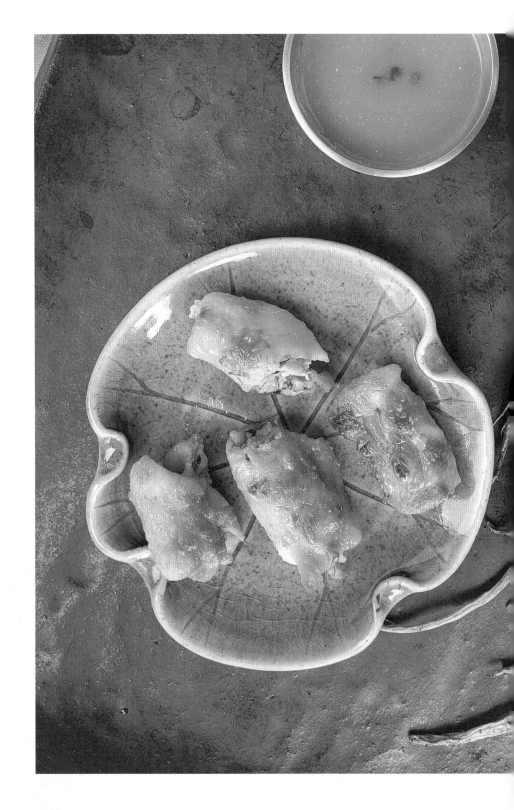

칠향계 만두

일곱 가지의 향을 품은 암탉 [七香鷄]

재료

만두피 재료
닭껍질 10장(5×6cm), 전분 20g

만두소 재료
닭고기 200g, 도라지 40g, 대파 10g, 깻잎 5g,
간장 10mL, 생강즙 3mL, 참기름 5mL, 식초 3mL,
천초 가루 1g, 소금 조금, 후춧가루 조금.

닭껍질 밑간 재료
식초 10mL, 생강즙 6mL, 술 10mL, 후춧가루 조금

소스 재료
닭 육수 100mL, 간장 100mL, 설탕 50g, 맛술
20mL, 식초 10mL, 도라지청 20g, 대파 1/2줄기,
생강 10g, 천초 5알, 월계수잎 2장, 통후추 5알

그 외 재료
기름

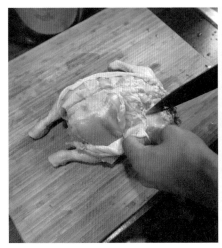 

만드는 방법

1 닭은 살과 껍질을 발라주는데 껍질이 찢어지지 않게 한다.

2 발라낸 닭껍질은 5×6cm 정도의 크기로 잘라서 밑간을 한다.

3 밑간 된 닭껍질은 도마에 넓게 피고 안쪽 면에 전분을 묻힌 뒤 만두소 한 숟가락을 얹혀 말아준다.

4 모양을 잡은 만두는 팬에 기름을 적당량 두르고 만두가 풀리지 않도록 이음새 부분을 먼저 구워준 뒤 굴려 가며 겉면이 바삭해질 정도로 구워준다.

5 구워낸 만두는 기름종이에 받쳐 기름을 제거해준다.

만두소 만드는 방법

1 닭고기, 대파는 곱게 다져서 준비한다.

2 도라지는 살짝 데치고 곱게 다져준다.

3 깻잎은 2cm 길이로 얇게 채 썰어준다.

4 준비된 만두소 재료는 한데 넣고 찰기가 생기도록 치대준다.

소스 만드는 방법

1 만두소에 사용될 닭살을 발라낸 뒤 남은 닭 뼈는 월계수 잎, 통후추, 생강, 물과 함께 압력솥에 끓여 닭 육수를 내준다.

2 끓인 육수는 면보에 걸려준다.

3 냄비에 닭 육수, 간장, 설탕, 맛술, 도라지청, 대파, 천초를 넣고 끓여준다.

4 소스 농도가 되직해지면 그때 식초를 넣고 한소끔 끓여 마무리해준다.

이 만두는 〈정조지〉에 나오는 칠향계를 응용해서 만든 만두다. 〈정조지〉에는 살찐 암탉에 도라지, 생강, 파, 천초, 간장, 기름, 식초와 같이 일곱 가지의 향신료를 닭과 함께 오랜 시간 중탕해서 찌도록 기록되어 있다. 만두로 만들 때 일곱 가지의 향신료는 만두소에 들어가는데 만두피에 감싸져 닭의 육즙과 함께 만두피 속에서 천천히 익으며 향이 날아가지 않도록 해준다. 만두피는 밀가루 피를 사용해도 되지만, 닭이라는 식재에 의미를 두어 닭껍질을 사용하였다. 닭껍질의 물렁물렁한 식감 때문에 호불호가 갈릴 수 있어 바삭하게 튀겨내듯 구운 점이 이 만두의 매력 포인트다.

Tip
숯을 피울 여건이 되면
숯에 굽는게 더욱더 맛이 좋다.

205

다양한 만두 모양

④ 삼각 원뿔 모양

① 나뭇잎 모양

⑤ 반달 주름 모양

② 네잎클로버 모양

⑥ 파이 모양

③ 한국식 만두(만둣국용)

⑦ 찐만두용

⑧ 석류탕

⑫ 변씨만두(세모)

⑨ 해삼 모양(규아상, 미만두)

⑬ 꽃만두 모양

⑩ 감만두 모양

⑭ 편수 모양

⑪ 장미만두 모양

⑮ 삼각 모양

제2장 우리의 전통 만두

현대의 만두

3장은 현대의 만두를 과거의 방식으로 과거의 만두를 현대의 방식으로 재해석한 만두를 소개한다. 일반적으로 잘 알려지지 않은 이색만두. 열량이 낮은 건강만두. 과일을 활용한 만두로 만두의 끝없는 가능성을 만나게 된다. 〈정조지〉의 만두 편 이외에 교여지류. 과정지류 속의 음식을 공부하면서 만난 식재료를 현대의 방식을 담아 조리하였다. 현대의 만두 편에서는 우리나라에 만두에 적합한 식재료가 무궁무진하다는 것을 새삼 느끼게 된다. 앞으로 우리 만두가 우리 뿐 아니라 세계인의 트렌드에 맞춰 갈 수 있는 가능성을 현대의 만두에서 엿보게 된다. 전통만두와 함께 현대의 만두도 우리 한식으로 성장되어야 우리의 음식문화가 꽃 피울 수 있다.

닭날개 만두

돼지를 감싸주는 닭

재료

만두피 재료
닭날개(윙+봉) 8개, 감자 전분 50g,
술 10mL, 식초 20mL,
다진 마늘 8g, 후춧가루 1g

만두소 재료
다진 돼지고기 200g,
갈은 돼지비계 30g,
다진 양배추 50g, 다진 부추 20g,
다진 당근 20g, 굴소스 25mL,
술 20mL, 생강즙 10mL,
다진 마늘 8g, 소금 조금,
후춧가루 조금

곁들일 조림장 재료
간장 30mL, 물엿 15mL, 설탕 8g,
맛술 15mL, 2배 사과식초 10mL,
물 100mL, 고운 고춧가루 5g

그 외 재료
식용유, 대꼬치 8개

만드는 방법

1 닭 날개는 봉 윗부분부터 칼로 뼈를 타고 긁어가며 껍질이 찢어지지 않도록 주의하여 뼈를 제거한다.

2 뼈를 제거한 닭날개는 술, 식초, 다진 마늘, 후춧가루로 밑간을 해주고 밀봉하여 30분 정도 냉장 보관한다.

3 밑간 된 닭날개는 물기를 제거하고 속에 만두소를 채워 끝 부분을 이쑤시개로 소가 튀어나오지 않도록 봉한다.

4 만두 겉면에 전분가루를 묻혀 기름 170도에 3분 튀기고 꺼내어 식혀준 뒤 다시 3분간 튀겨 바삭하게 한다.

5 조림장을 팬에 넣고 끓기 시작하면 튀긴 만두의 대꼬치를 빼고 졸인다.

만두소 만드는 방법

1 다진 돼지고기, 간 돼지비계, 다진 양배추, 다진 당근, 굴소스, 술, 후춧가루, 생강즙, 다진 마늘, 소금을 넣고 한쪽 방향으로 섞다가 마지막에 부추를 넣고 살짝 섞어준다.

제3장 현대의 만두

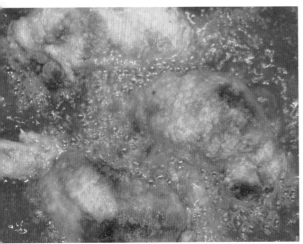

닭의 날개는 운동량이 높아 지방질이 적고 단백질과 콜라겐이 풍부해 식감이 쫄깃하다. 일반적인 밀가루피가 아닌 닭고기를 이용해 만든 만두피는 피로해소와 혈액순환에 좋은 메티오닌(Methionine)과 타이로신(Tyrosine)을 다량 함유하고 있어 먹으면 피로감을 없애준다. 닭고기를 이용한 만두는 일상에 지친 사람들에게 피로감을 없애고 힘이 돋게 하는 음식이다. 닭 날개 만두는 우리나라보다 일본에서 더 인기가 높다. 일본에서는 테바사키교자[手羽先餃子]라고 하여 나고야 지역에서 많이 먹는다. 튀겼을 때 닭의 껍질 부분도 함께 튀겨 한입 물었을 때 바삭한 식감을 준다.

닭 날개 만두는 만두피와 만두소에 두 가지 종류의 고기가 들어가서 과하다는 생각이 들 수 있지만 상큼하면서도 매콤한 조림장을 곁들여 느끼함을 잡아주고 빠르게 조리하는 튀김의 장점 덕분에 육즙이 빠져나오는 것을 방지해 육류 고유의 담백함과 부드러운 육향을 가득 머금게 된다.

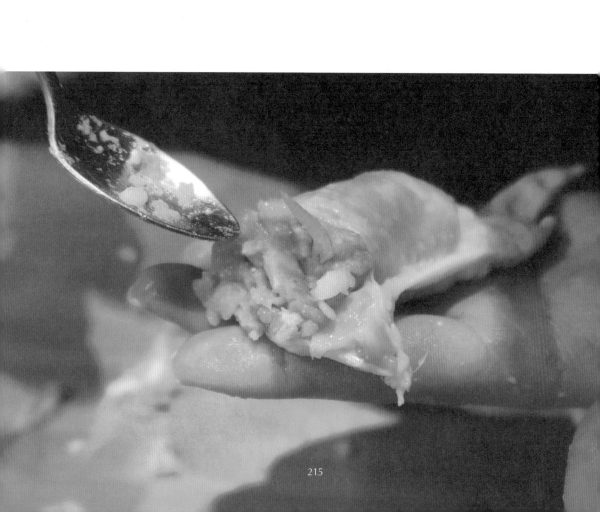

대파 만두 구이

달콤함을 지닌 구운 파

재료

만두피 재료
대파 큰 것(흰부분) 4개, 밀가루 조금

만두소 재료
다진 돼지고기 100g, 두부 50g, 불린 당면 30g, 다진 청양고추 15g, 계란 1개,
다진 마늘 8g, 밀가루 20g, 굴소스 15mL, 소금 조금

부재료
식용유

고명 재료
잣가루, 검은깨 가루

만드는 방법

1 대파 흰 부분을 깨끗이 씻어 4~5cm로 썬다.
2 대파의 가운데 부분을 젓가락으로 밀어 원통형으로 속을 비워주는데
  3겹 정도는 남겨둔다.
3 대파와 만두소가 접착이 잘되게끔 속에 밀가루를 뿌려 묻힌다.
4 짤주머니로 대파 속에 소를 2/3만 채운다.
5 팬에 기름을 두르고 만두를 돌려가며 굽는다.
6 구운 만두에 잣가루와 검은깨 가루를 뿌려 마무리한다.

만두소 만드는 방법

1 당면은 불려서 0.5cm로 썰어주고, 두부는 물기를 제거 후 으깬다.
2 다진 돼지고기, 으깬 두부, 다진 당면, 다진 청양고추, 계란, 다진 마
  늘, 밀가루, 굴소스, 소금을 섞는다.

대파는 한국의 대표적인 향신채로 마늘과 함께 가장 많이 쓰이는 식재료
이며 우리에게는 너무나도 친숙한 재료이다. 초록색인 윗부분과 흰색인
아랫부분은 각각 다른 맛과 성질을 가지고 있다. 초록 부분은 찬 성질,
흰 부분은 따뜻한 성질로 두 가지의 맛, 두 가지의 성질 덕분에 조리법에
맞게 쓰임새도 다양하다. 대파는 볶음, 국, 탕, 찌개, 조림과 같이 모든
요리에 들어가며 음식의 맛을 돋워 준다. 생으로 섭취하면 매운맛이 나
지만 열을 가하면 매운맛은 사라지고 단맛이 더 강해진다. 대파 만두는
겨울철 노지 대파로 하는 것이 가장 맛이 좋다. 대파는 계절에 따라 여름
대파, 겨울 대파, 겨울이 지나고 봄이 될 때 나오는 움파가 있다. 대파 만
두는 대파의 맛이 가장 중요한데 구워서 먹는 만두인 만큼 연한 대파로
해야 부드럽게 먹을 수 있다.

닭껍질 만두

바삭바삭 안주로 제격인

재료

만두피 재료
닭껍질 10장, 밀가루 30g

만두소 재료
새우살 60g, 돼지고기 60g, 청주 25mL,
생강즙 15mL, 굴소스 10mL, 소금 조금,
후춧가루 조금, 레몬필 조금

닭껍질 밑간 재료
생강즙 15mL, 청주 15mL, 소금 조금,
후춧가루 조금

소스 재료
홀그레인머스타드 15mL, 마요네즈 15mL,
사과 식초 5mL, 다진 오이 피클 5g, 다진 양파 15g

그 외 재료
식용유

만드는 방법

1 만두피에 사용될 닭껍질은 속 지방을 제거 후 생강즙, 청주, 소금, 후
춧가루로 밑간을 한다.
2 밑간 한 닭껍질은 체에 받쳐 물기를 제거한다.
3 닭껍질을 넓게 펴고 밀가루를 살짝 뿌려준 뒤 만두소를 넣고 만다.
4 닭껍질이 수축하는 것을 방지하기 위해 한국식 만두(만둣국 용) 모양
으로 오므려 이쑤시개로 고정한다.
5 170도 기름에 넣고 4분간 튀긴 후 기름을 뺀다.

만두소 만드는 방법

1 새우살과 돼지고기를 곱게 다진다.
2 다진 새우살과 다진 돼지고기에 레몬필, 청주, 소금, 후춧가루, 생강즙
을 넣고 치댄다.

제3장 현대의 만두

닭껍질은 오돌토돌한 돌기와 물컹한 식감때문에 호불호가 갈리는 재료이다. 닭껍질만 보면 별로 먹고싶지 않은 비주얼이지만 튀기게 되면 바삭한 닭껍질과 각종 채소와 고기로 만든 만두소가 만나 한입 베어 물었을 때 만두피는 바삭하고 쫀득하며 만두소는 육즙이 가득하여 먹는 사람의 미각을 기분 좋게 자극한다.

닭껍질 만두는 특히 술안주로 안성맞춤이다. 간이 되어있는데다 오래 먹다보면 느끼할 수 있는 닭껍질 만두를 맥주의 씁쓸한 맛과 청량감이 잡아주기 때문이다.

보통 닭껍질은 지방덩어리라고만 생각하는데, 닭껍질에는 고밀도지단백 콜레스테롤인 HDL이 함유되어 있어 성인병을 예방하는 효과가 있다.

제3장 현대의 만두

참나물 잎새 만두

완주 인덕 두레마을의 특산물

참나물은 자연에서 재배하여 향이 좋고 우리의 진짜 나물이라는 의미로 앞에 '참'이라는 글자가 붙었다. 참나물은 만두소에 들어가 일반적인 채소 역할도 하고 고기의 잡내를 잡아주는 향신채 역할도 같이하는 훌륭한 식재다. 거기에 생강과 후춧가루를 같이 넣어주면 고기의 냄새를 잡고 풍미를 더욱더 높여준다.

전라북도 완주군 소양면, 굽이굽이 산길로 들어가다 보면 숲으로 둘러싸여 편안함을 주는 인덕 두레마을이 있다. 인덕 두레마을은 옛날부터 참나물이 유명해 참나물 칼국수, 참나물 부침개 등 참나물을 이용한 다양한 음식으로 농촌체험 활동을 하고 있다. 이 체험활동에 어떤 음식이 어울릴지 고민하다 참나물의 즙을 내어 만두피를 만들어 체험객이 직접 만두를 빚어보는 참나물 잎새 만두를 생각해보았다. 참나물의 향긋함과 만두 반죽의 촉감을 느끼며 식재와 교감하는 시간도 현대인들에게 좋은 체험이 아닐까 생각해 본다.

제3장 현대의 만두

재료

만두피 재료

밀가루 200g, 참나물즙 60mL ,물 40mL, 기름 10mL, 소금 2g

만두소 재료

다진 돼지고기 100g, 다진 소고기 100g, 두부 50g, 다진 대파 30g, 다진
홍고추 20g, 액젓 15mL, 간장 15mL, 생강즙 10mL, 들기름 10mL, 소금
조금, 후춧가루 조금

초간장 재료

매실청 15mL, 간장 15mL, 식초 15mL, 물 15mL

만드는 방법

1 참나물을 잘게 다져 약간의 물과 함께 절구에 찧어서 면보에 싸 즙을
  낸다.

2 밀가루, 소금을 섞고 고운체에 내린 뒤 참나물 즙, 물, 기름을 넣고 반
  죽하여 공기가 통하지 않게 덮어 냉장고에서 1시간 숙성시킨다.

3 만두피를 적당량 나누어 밀대로 밀어 만두피를 만든다.

4 만두피에 만두소를 넣고 모양을 내어 빚는다.

5 찜기에 물이 끓으면 만두를 넣고 7~8분간 찐다.

만두소 만드는 방법

1 두부를 으깨서 물기를 제거한다.

2 참나물 즙을 짜고 남은 참나물은 다져서 만두소에 사용한다.

3 그릇에 다진 돼지고기, 다진 소고기, 다진 참나물, 으깬 두부, 다진 대
  파, 다진 홍고추, 액젓, 간장, 들기름, 소금, 후춧가루, 생강즙을 넣고
  섞는다.

제3장 현대의 만두

도다리 쑥 메밀 만두

봄철의 최고의 궁합

재료

만두피 재료
밀가루 140g, 메밀가루 60g, 들기름 10mL, 뜨거운 물 90mL, 소금 2g

만두소 재료
도다리 살 200g, 데친 어린 쑥 30g, 감자 1개, 마요네즈 1큰술, 소금 조금, 후춧가루 조금

만드는 방법

1 밀가루, 메밀가루, 소금을 섞고 고운체에 2번 내린 뒤 들기름과 뜨거운 물을 넣어 익반죽을 해준다.

2 한 덩어리로 치댄 반죽은 마르지 않도록 젖은 면보로 덮어 실온에서 1시간 숙성시킨다.

3 반죽은 10g씩 분할하여 덧가루를 뿌려가며 밀대로 얇게 밀어서 만두피를 만든다.

4 만두피에 만두소를 넣고 복주머니 모양으로 감싸줘서 모양을 잡는다.

5 찜기에 물이 끓으면 만두를 넣고 10분간 찐다.

만두소 만드는 방법

1 도다리는 살을 발라 다진다.

2 쑥은 살짝 데쳐 물기를 꽉 짠 다음 0.5cm로 자른다.

3 감자는 쪄서 체에 곱게 내린다.

4 볼에 다진 도다리살, 데친 쑥, 감자, 마요네즈, 소금, 후춧가루를 넣고 치댄다.

봄은 쑥 캐는 사람들로 시작된다. 쑥을 캐서 국도 끓이고 떡도 해 먹을 생각에 즐겁다. 쑥은 맛은 씁쓸하지만 향기가 좋고 성질이 따뜻하여 오래전부터 약용으로 사용하였다.

도다리는 봄이 되면 살이 통통하게 오르고 쫄깃하고 맛도 으뜸이라 봄철 고급 어종으로 분류된다. 여름에는 민어, 가을에는 전어, 겨울에는 넙치, 봄에는 도다리가 계절을 대표하는 생선이다. 도다리는 모두 자연산이기 때문에 공급량이 많지 않아 봄이 지나면 먹기 어려운 귀한 생선이다.

봄철을 대표하는 생선인 도다리와 쑥을 사용해 도다리 쑥 메밀 만두를 만들었다. 도다리 쑥 메밀 만두는 단백질이 풍부하고 콜레스테롤 수치를 낮춰주어 성인병 예방에도 좋다. 찬 성질을 가진 메밀피를 사용하여 더운 성질의 쑥과 조화를 이루었다. 특히 메밀은 답답한 기운을 내려주어 위와 장을 튼튼하게 해주므로 예민한 여성에게 좋은 식품이다. 쑥과 메밀은 면역력을 강화시키고 체중 조절과 변비, 노화방지에도 도움을 준다.

메추라기 통 만두

재료

만두피 재료
식빵 8장, 토르티야 4장

만두소 재료
메추라기 4마리, 다진 소고기 300g, 옥수수 콘 100g,
삶은 메추리알 8개, 파인애플 50g, 다진 양파 50g,
다진 마늘 15g, 버터 40g, 고수 잎 조금, 오레가노 조금

메추라기 밑간 양념 재료
식초 50mL, 올리브오일 30mL,
소금 조금, 후춧가루 조금

곁들일 양념 재료
타바스코 3큰술, 마요네즈 1큰술, 꿀 1작은술,
다진 고수잎 1작은술

만드는 방법

1 토르티야에 속을 채운 메추라기를 말아서 감싼다.

2 식빵 두 개 사이에 토르티야로 감싼 메추라기를 넣고 호일로 감싼다.

3 화덕에 200도에서 앞뒤로 돌려가며 25분간 구워준다.

* 에어프라이어를 사용했을 경우 180도 20분씩 앞뒤로 뒤집어 가며 굽는다.

만두소 만드는 방법

1 팬에 소고기, 옥수수콘, 파인애플, 다진 마늘, 다진 양파, 메추리알, 버터, 오레가노를 넣고 소고기가 익을 정도만 볶는다.

2 메추라기 뱃속에 볶은 소고기와 야채를 넣고 고수잎도 같이 넣는다.

잔털 제거와 잡내 제거

1 메추라기를 깨끗이 손질하고 잔털은 불로 태워 제거한다.

2 손질된 메추라기는 밑간 양념을 발라 20분 정도 재운다.

예전에는 꿩류인 메추라기를 구이, 찜, 만두의 재료로 많이 사용하였다. 살이 많지는 않지만 육질이 졸깃하고 담백하다. 크기가 작아서 여러 마리를 통째로 상에 올리면 한 마리씩 차지하고 먹기에 안성맞춤이다.

요즘 심심치 않게 '메추라기를 팝니다'라는 안내문을 많이 보는데 사라진 메추라기가 돌아온 것 같아 반갑다. 만두를 복원하기 위해 메추라기를 산 가게에서 매주 메추라기를 사러 오라고 문자가 온다. 생각보다 메추라기고기를 찾는 사람들이 있는 것 같다.

식빵과 토르티야로 작은 메추라기를 감싸 메추라기 특유의 독특한 향을 가득 품은 육즙을 최대한 뽑아내어 수분이 날라가지 않게 잘 가두어 질긴 메추라기를 부드럽게 하였다. 습식 조리를 이용한 방식으로 질긴 살코기를 부드럽게 해주었고, 육즙은 그대로 가둬 겉의 빵을 찍어 먹으면 메추라기의 맛을 최대한 느낄 수 있다.

살구 만두

과일과 닭가슴살의 부드러운 조화

뜨거운 햇살이 내리 쬐는 여름이 다가 오면 과일들은 햇살을 받으며 더욱 단맛을 낸다. 길거리를 거닐다 보면 초록나뭇잎 사이사이로 크리스마스 트리에 달린 전구처럼 주황빛의 살구가 익어가는 모습을 볼 수 있다. 살구의 과육이 충분히 익었을 때 살을 발라 만두소로 사용하면 달콤한 맛이 입맛을 돋군다. 간장에 찍어먹는 평범한 만두도 좋지만 더운 여름에는 샐러드처럼 먹는 새로운 만두를 시도해 보는 것도 즐거운 일이다. 여름철 오래 먹으면 느끼할 수 있는 튀김 만두에 과일을 소로 활용하고 야채를 곁들여 샐러드처럼 먹으면 건강한 한 끼 식사로 손색이 없다.

제3장 현대의 만두

재료

만두피 재료
밀가루 100g, 미지근한 물 45mL,
기름 10mL, 소금 1g

만두소 재료
후숙된 살구 2개,
아몬드 슬라이스 20g,
닭가슴살 200g, 크림치즈 3큰술,
꿀 15g, 고수잎 조금, 소금 조금

소스 재료
생강즙 10mL, 레몬즙 10mL,
올리브오일 30mL, 꿀 10g,
소금 조금

부재료
각종 샐러드용 채소

만드는 방법

1 밀가루, 소금을 섞어 고운체에 내린 뒤 기름과 물을 넣고 치댄다.

2 치댄 반죽은 공기가 통하지 않게 덮어 냉장고에서 1시간 정도 숙성시킨다.

3 만두피는 적당히 분할하여 밀대로 민다.

4 샐러드 채소는 찬물에 담가 체에 받쳐 물기를 뺀다.

5 만두피에 만두소를 올리고 만두모양을 잡는다.

6 기름이 165도로 오르면 만두를 넣고 만두피가 갈색이 날 정도만 튀긴다.

7 접시에 준비된 야채와 만두를 올려준 뒤 소스를 뿌려 낸다.

만두소 만드는 방법

1 후숙된 살구는 잘게 다져 냄비에 꿀과 함께 넣고 졸인다.

2 닭가슴살은 삶아서 길게 찢어둔다.

3 졸인 살구에 아몬드 슬라이스, 닭가슴살, 고수잎, 크림치즈, 소금을 넣고 섞어준 뒤 식혀서 사용한다.

레몬생강소스 만드는 방법

1 생강즙은 가만히 두었다가 가라앉은 앙금은 버리고 맑은물만 사용한다.

2 소스통에 생강즙, 레몬즙, 올리브오일, 꿀, 소금을 넣고 섞는다.

Tip
생강즙에 가라앉은 앙금은
쓴맛이 나기 때문에 윗물만 사용한다.

재료

만두피 재료
원추리꽃 10개, 전분 30g

만두소 재료
소고기 100g, 두부 50g, 양배추 40g, 당근 20g, 다진 마늘 8g, 설탕 6g,
참기름 10mL, 간장 15mL, 소금 조금

만드는 방법

1 원추리꽃은 따서 꽃술을 제거하고 속에 벌레 또는 이물질이 들어 있을
   수 있으니 식초를 탄 물에 씻은 뒤 세워서 물기를 제거한다.
2 원추리꽃 안쪽에 전분을 살짝 뿌린다.
3 만두소를 짤주머니에 넣고 꽃잎이 갈라져 있는 부분까지만 소를 채운다.
4 찜기의 물이 팔팔 끓을 때 면보를 깔고 만두를 올려 5분간 찐다.

만두소 만드는 방법

1 두부는 물기를 제거하고 양배추는 다져서 소금, 식초, 물을 넣고 절인다.
2 절인 양배추는 면보로 물기를 짠다.
3 만두소에 들어가는 재료들은 다져서 준비한다.
4 팬에 다진 소고기, 다진 당근, 으깬 두부, 다진 마늘, 설탕, 참기름, 간
   장, 소금을 넣고 볶다가 마지막에 절인 양배추를 넣고 살짝 더 볶는다.
* 만두소는 먼저 익혀서 사용해야 만두를 쪘을 때 찢어지지 않는다.

원추리는 백합과에 속하는 식물로 '근심을 잊게 해준다'라고 하여 훤초
(萱草) 또는 망우초(忘憂草)라고도 부르는 약재이다. 《동의보감》에 원추리는
'성질이 서늘하고 맛은 달며 독이 없다'라고 하였고, 여성의 질환에도 탁
월한 효과가 있는 것으로 알려져 있다. 어린잎과 꽃은 나물이나 장아찌
로 먹거나 특색 있는 만두의 재료로 사용할 수 있는데 꽃으로 만든 만두
는 상상만으로도 기분이 좋아진다.
원추리꽃 만두는 원추리꽃이 피는 6월경부터 8월까지만 먹을 수 있다.
원추리 잎사귀 사이로 가늘고 긴 꽃대가 하늘을 뚫을 기세로 높이 자란
다. 금방이라도 부러질 것 같은 모습이지만 꿋꿋이 버티며 높은 곳에서
꽃을 피운다. 간혹 예쁜 음식을 보면 "꽃처럼 예쁘다"라고들 말하지만, 원
추리꽃 만두처럼 진짜 꽃으로 만든 예쁜 꽃음식은 눈과 입이 모두 행복
하고 계절을 듬뿍 느낄 수 있는 기분이 좋아지는 만두이다.

전복 내장 만두

재료

만두피 재료
전분 30g

만두소 재료
전복 8마리, 소고기 다짐육 100g, 대파 20g,
당근 15g, 부추 20g, 굴소스 2큰술, 간장 10mL, 설탕 5g,
생강즙 5mL, 소금 조금

전복 내장 양념 재료
김가루 5g, 전복내장 8마리분,
홀그레인 머스타드 1큰술, 참기름 1큰술

만드는 방법

1 전복을 깨끗이 문질러 세척한다.

2 껍데기와 살, 내장을 분리해주고 전복살은 입을
   제거 후 다진다.

3 만두소에 들어가는 전복살과 소고기, 각종 야
   채는 다진 뒤 양념을 넣고 치댄다.

4 전복 껍데기 안쪽에 전분을 묻혀주고 속에 만
   두소를 채워 넣고 한번 더 전분을 뿌린다.

5 찜기에 물이 끓기 시작하면 전복을 넣고 10분
   간 찐다.

전복 내장 양념 만드는 방법

1 내장은 끓는 물에 데쳐 으깬다.

2 구운 김가루, 으깬 내장, 홀그레인 머스타드, 참
   기름을 섞는다.

예로부터 여러 문헌에 오를 정도로 귀한 전복은 제주도의 전복을 최고로 쳐 제주의 해안마을에서 잡은 전복은 진상용으로 바치기도 하였다. 왕에게 진상할 정도로 귀한 대접을 받은 전복은 바다의 산삼이라 불릴 정도로 영양이 풍부하고 맛이 달고 식감이 부드러워 어린아이부터 노인까지 누구나 좋아하는 식재이다.

전복은 산란기(참전복 기준 9~11월)를 제외하고는 독이 없으나 산란기에는 내장에 독성이 생겨 생식(生食)은 피하고 살짝 익혀서 먹는 것이 좋다. 전복은 생복으로도 먹지만 말려서 보관 하기도 한다. 생전복은 생복(生鰒)이라 불리고 찐것은 숙복(熟鰒), 말린 것은 건복(乾鰒)이라고 부르는데 가공방법에 따라 만드는 음식법도 다르다.

전복 내장으로 만든 양념은 수치와 암치가 맛이 조금씩 다른데 전복의 살을 발라내고 모래주머니 부분을 떼고 나면 암치의 녹색, 수치의 황색 내장이 보인다. 암치와 수치 내장의 맛은 큰 차이는 없다. 간혹 내장에서 쓴맛이 나는 전복이 있는데 신선한 전복의 내장은 쓴맛이 없다.

전복의
암수 구별

전복의 내장이 초록색이면 암컷이고 황색이면 수컷이다. 전복 수컷은 육질이 단단해서 횟감으로 좋고 암컷은 육질이 연해 가열 조리에 적합하다. 전복을 살짝 삶은 후 우유에 담가 두면 육질이 부드러워진다.

《조선셰프 서유구의 포이야기》중에서

전복 암컷의 생김새

전복 수컷의 생김새

호박꽃 만두

못난이라고 놀려도 맛만 좋다

호박꽃은 6월부터 서리가 내릴 때까지 피는 꽃이
다. 음식에 사용되는 호박꽃은 이른 아침부터 부
지런히 움직여야만 아침이슬이 묻기 전에 봉오리
상태로 채취할 수 있다. 이슬을 맞고 꽃이 피면
음식에 사용하기에 모양도 이쁘지 않고 이미 핀
꽃은 오므라들지 않아 피기 전 봉오리 상태로 채
취한다. 호박은 보통 '못난이'나 '못생김'을 대표하
는 말인데 호박꽃이 덩굴 사이사이마다 다섯 갈
래의 꽃잎을 활짝 피우면 마치 밤하늘에서 큰 별
이 내려오는 듯하여 소박하지만 어느 꽃 못지않게
화려하고 아름답다. 호박꽃은 아침이슬을 맞은 이
후로 활짝 폈다가 오후가 되면 금방 꽃잎술을 닫
아버린다. 길을 거닐다 길가에 호박꽃을 보면 대
수롭지 않게 지나갔지만 호박꽃은 아는 사람만
아는 귀한 식재료 중 하나이다.

우리나라에서는 호박꽃을 애용하지 않지만 이탈
리아에서는 호박꽃으로 만든 만두를 최고로 친다.
조금 늦은 시기에 호박꽃 중 암꽃을 따면 아래쪽
에 호박이 조그맣게 매달려 있다. 이 호박을 꽃과
함께 같이 쪄주면 귀여운 모습을 한 호박꽃 만두
를 즐길 수 있다.

제3장 현대의 만두

재료

만두피 재료
호박꽃 10개, 밀가루 조금

만두소 재료
다진 돼지고기 100g, 두부 50g, 당근 20g, 양배추 50g, 양파 40g,
간장 30mL, 맛술 30mL, 설탕 10g, 밀가루 15g, 핑크 후춧가루 조금, 소금 조금

도구
짤주머니

초간장 재료
고춧가루 1/2작은술, 식초 1큰술, 간장 1큰술

만드는 방법

1 호박의 수꽃을 따서 수술을 제거하고 속에 벌레나 이물질이 들어 있을
  수 있으니 깨끗이 세척해서 준비한다.

2 호박꽃 안쪽에 밀가루를 살짝 뿌린다.

3 만두소를 짤주머니에 넣고 호박꽃이 찢어지지 않도록 70%정도만 소를
  넣는다.

4 찜기의 물이 팔팔 끓을 때 면보를 깔고 호박꽃을 조심히 올려 5분간
  찐다.

만두소 만드는 방법

1 두부는 물기를 제거하고 만두소에 들어가는 재료들은 다져서 준비
  한다.

2 다진 양배추에 소금을 뿌려 절인 후 물기를 제거한다.

3 팬에 다진 고기와 다진 야채를 넣고 80~90% 익혀준다.

4 볶은 고기와 야채에 간장, 맛술, 설탕, 밀가루, 핑크 후춧가루, 소금을
  넣고 치대서 만두소를 만든다.

제3장 현대의 만두

흰 민들레 잎 만두

재료

만두피 재료
밀가루 200g, 물 100mL, 소금 2g

만두소 재료
흰 민들레 잎 30개, 다진 돼지고기 150g, 갈은 마 80g, 생강즙 10mL,
소금 조금, 후춧가루 조금

초간장 재료
간장 15mL, 식초 15mL, 물 15mL, 설탕 10g

만드는 방법

1 밀가루와 소금을 섞어 고운체에 내린 뒤 물을 섞어 반죽한다.
2 한 덩어리로 뭉쳐진 반죽은 공기가 통하지 않게 덮어 냉장고에서 30분
    숙성시킨다.
3 숙성된 반죽은 적당량 분할해 얇게 밀대로 민다.
4 얇게 민 만두피에 만두소를 적당량 넣고 만두소 위에 흰 민들레 잎을
    2~3장 올려서 만두를 만다.
5 찜기의 물이 끓으면 만두를 넣고 8분간 찐다.
6 완성된 만두는 초간장과 곁들여 낸다.

만두소 만드는 방법

1 마는 세척 후 껍질을 제거하고 갈아서 준비한다.
2 다진 돼지고기와 갈은 마, 생강즙, 소금, 후춧가루를 넣고 섞는다.
3 흰 민들레 잎은 세척 후 물기를 제거한다.

민들레라고 하면 길가 여기저기에 피어 있는 흔한 꽃으로 생각한다. 하지
만 흰 꽃을 피우는 흰 민들레는 그 품종이 귀하여 길에서는 볼 수 없는
귀한 꽃이다. 흔히 볼수 있는 노란색 민들레는 서양에서 들여온 것이고
흰 민들레는 우리 토종 민들레로 약성이 노란 민들레보다 훨씬 좋다. 귀
한 흰 민들레 잎을 이용한 만두를 빚기 위해 여기저기 수소문 하다 산골
동네에 방문하여 소량을 얻을 수 있었다.
동네가 산으로 둘러싸여 풍경도 좋고 공기도 좋은 곳에서 자라는 민들레
로 음식을 만들 수 있다는 생각에 너무도 감사하고 기뻤다. 농약을 치지
않고 키우는 흰 민들레 밭에 들렀다. 연한 잎 한 장을 뜯어 맛을 보여주
시는데, 쌉살한 맛이 입안을 가득 채운다. 예로부터 "쓴맛이 약이다"라고
하였는데 쓴맛을 참고 맛을 음미해본다.

재료

만두피 재료
습식 찹쌀가루 200g, 뜨거운 물 50mL, 소금 2g, 볶지 않은 참깨 40g

만두소 재료
거피 녹두 100g, 설탕 20g, 다진 생강 8g, 계핏가루 1g, 소금 1g

그 외 재료
기름

만드는 방법

1 습식 찹쌀가루에 소금을 넣고 체에 내려준다.
2 체에 내린 가루에 뜨거운 물을 조금씩 넣어가며 익반죽을 한 뒤 밀봉하여 실온에 20분 정도 숙성시킨다.
3 숙성된 반죽을 손에 기름을 발라 적당량 나눠 얇게 펴준다.
4 얇게 핀 만두피에 만두소를 넣고 다시 동그랗게 만들어 준 뒤 만두를 굴리며 겉면에 참깨를 묻혀준다.
5 기름 온도를 160도로 맞춘 뒤 만두가 떠오르면 그로부터 2분간 더 튀겨준다.
6 튀긴 만두는 기름을 제거한다.

만두소 만드는 방법

1 거피된 녹두는 찬물에 6시간 정도 불려준다.
2 불린 녹두는 끓는 물에 넣어 15분간 삶아준다.
3 삶은 녹두는 체에 밭쳐 물기를 제거 후 절구에 설탕, 계핏가루, 소금, 다진 생강을 같이 넣고 찧어준다.
* 날씨, 습도, 온도에 따라 물의 양을 조절한다.
* 반죽의 두께에 따라 튀기는 시간을 달리한다.
* 오랜 시간 튀길 시 만두가 터질 수 있으니 주의한다.

참깨는 한국 음식에 빠지지 않고 들어가는 재료이다. 참깨를 볶아 음식의 마지막에 뿌려 멋을 더하고, 참기름을 내기도 한다. 또 통참깨를 절구에 살짝 찧어 더욱 고소한 향이 나는 깨소금으로 만들어 사용한다. 한국 음식의 마지막은 항상 깨로 마무리가 된다. 조그만 알갱이가 하나하나가 힘을 합해 고소한 향을 내고 씹을 때 톡톡 터지는 재미있는 식감과 고소한 향은 음식의 맛을 방해하지 않고 조화롭다. 참깨 만두는 튀김 만두 중 하나로 볶지 않은 생참깨를 만두 겉면에 묻혀 기름에 튀겨낸 만두이다. 이렇게 참깨를 묻혀 함께 튀기면 참깨의 향이 만두에 배어 훨씬 더 고소하고 풍부한 향을 느낄 수 있다. 이 만두에는 꼭 볶지 않은 생참깨를 사용해야 하는데, 볶은 참깨를 사용하면 만두를 튀길 때 타버리거나 쓴맛이 날 수 있다.

제3장 현대의 만두

만두피 반죽법

만두를 만들기 전 제일 먼저 하는 일은 만두피 반죽을 만드는 것이다. 만두피와 만두소의 궁합이 잘 맞아야만 만두는 제맛을 내게 된다. 이처럼 맛있는 만두를 만들기 위해서는 만두소 못지 않게 만두 피도 무척 중요한데 만두피 반죽법에 대해 좀 더 자세히 알아보자.

먼저 반죽할 때는 중력분과 소금, 물을 이용해 반죽을 한 덩어리로 만드는데 반죽에 소금을 넣는 이유는 반죽의 간을 맞추고 반죽의 탄력성을 높이기 위함이다. 이마에 땀이 맺히고 손목이 저려올 때까지 반죽을 눌러대며 정성을 다한다.

만두피 반죽을 만들 때는 찬물 반죽을 해야할지 익반죽을 해야할지 고민이 된다. 사소한 차이지만 완성된 만두를 보면 많은 차이가 난다. 아래 표를 보고 둘의 차이점을 알아보고 용도에 맞도록 만두를 만들 때 참고해보자. 찬물 반죽으로 한 만두피는 익반죽보다는 찰기가 덜하지만 부드러워 먹기에 좋고 익반죽으로 한 만드피는 쫄깃하며 찰기가 느껴진다.

	찬물 반죽	익반죽
물 온도	10 ~ 20도	80도 ~ 90도
숙성시간	실온(25도) 1시간	실온(25도) 1시간
용도	찐만두, 물만두	만둣국, 튀김용, 하가우(전분피 만두)
설명	식감이 물만두와 같아 굉장히 부드럽게 먹을 수 있다. 찬물로 만드는 반죽은 만드는 즉시 쪄내지 않으면 만두소의 수분이 만두피 바닥에 스며들어 만두피가 쉽게 찢어지며 만두의 질이 떨어진다.	밀가루에 뜨거운 물을 더해주므로 글루텐의 호화를 거치게 된다. 호화를 거친 글루텐은 반죽의 강도를 높여 찬물 반죽보다 단단하며 수분에 강하다. 수분에 강하고 강도가 높다 보니 압력을 잘 견뎌내 쉽게 터지지 않는다. 익반죽으로 만든 만두는 만둣국으로 내어도 쉽게 불지 않고 만두를 찌고 난 뒤 굽는 과정을 거치는 용도에 알맞다. 익반죽으로 한 반죽은 찬물 반죽보다는 부드러움이 덜하는 반면에 쫄깃함은 우위를 차지한다.

제3장 현대의 만두

채식만두

이 장에서는 세계음식의 화두인 채식을 활용한 5가지 대표적인 채식 만두를 소개한다. 과도한 동물성 식품의 섭취로 인해 건강문제, 환경과 동물보호, 공장식 축산 타파에 관심이 높아지면서 채식을 선택하는 사람들이 크게 늘고 있다. 만두도 이런 경향에 맞춰 채식 만두가 인기를 끌고 있다. 우리 땅은 사계절 내내 산과 들, 텃밭에서 맛이 좋은 나물이나 채소, 약초를 쏟아낸다. 따라서 우리는 채소를 다루고 음식에 활용하는 능력도 뛰어나다. 이를 채식 만두에 적용하면 비빔밥처럼 세계인의 음식이 될 다양한 채식 만두를 만들어낼 수 있다. 채식 만두는 대체로 곡물의 피, 채소로 만든 소, 식물성 양념으로 만들기 때문에 비건(Vegan) 음식이 되어 두터운 소비층을 확보할 수 있다. 우리 주변의 흔한 채소와 꽃 등에 두부, 콩, 해초류 등 3~4가지 채식 재료만 조합해도 담백한 맛의 채식 만두를 만들 수 있다. 채식 만두는 채소나 산야초의 맛과 향은 물론 약성도 함께 누릴 수 있는 건강하고 아름다운 만두이다.

버섯만두

산 속 에 서 자 라 는 쫄 깃 한 고 기

식감은 고기와 비슷하지만 맛과 향은 고기보다 뛰어난 버섯을 사용하여 만두를 만들었다. 버섯은 영양이 풍부하고 식감이 고기와 비슷하여 고기를 대체할 수 있는 식재 중 하나다. 다양한 종류의 버섯이 있지만 우리 주위에서 쉽게 구할 수 있는 버섯을 사용해 만두를 빚었다. 팽이버섯의 오독오독한 씹는 식감과 느타리 버섯의 쫄깃한 식감, 표고버섯의 진한 향을 담은 채식 만두는 고기를 넣은 만두 보다 식감과 맛이 덜 할 것이라는 예상을 완전히 뒤집는다. 버섯 만두는 식감의 재미와 맛의 재미를 두루 가진 만두이다.

재료

만두피 재료
통밀가루 100g, 메밀가루 80g,
물 100mL, 소금 2g

만두소 재료
느타리버섯 100g,
불린 표고버섯 1개, 팽이버섯 20g,
두부 50g, 데친 숙주 50g,
다진 대파 20g, 다진 마늘 8g,
간장 15mL, 설탕 10g, 소금 조금

만드는 방법

1 통밀가루와 메밀가루, 소금을 섞고 고운체에
  2번 내린 뒤 물을 섞어 반죽한다.

2 한 덩어리로 뭉친 반죽은 공기가 통하지 않게
  덮어 실온에서 30분 숙성시킨다.

3 숙성된 반죽은 넓게 밀어 원형틀로 찍어낸다.

4 얇게 민 만두피에 만두소를 적당량 넣고 만두
  를 빚는다.

5 찜기에 물이 끓으면 만두를 넣고 8분간 찐다.

만두소 만드는 방법

1 느타리버섯은 데쳐서 결대로 찢고 물기를 짠다.

2 불린 표고버섯도 적당한 크기로 다져 물기를
  짠다.

3 팬에 느타리버섯과 표고버섯, 다진 팽이버섯,
  다진 대파, 간장, 마늘, 설탕을 넣고 볶는다.

4 두부는 으깨고 데친 숙주도 다져서 물기를 제거
  한다.

5 볼에 만두소 재료를 넣고 섞는다.

제3장 현대의 만두

재료

만두피 재료

물쑥 60g, 녹두전분 60g, 밀가루 140g, 뜨거운 물 90mL, 소금 2g

만두소 재료

병아리 콩 100g, 숙주 50g, 두부 30g, 불린 표고 2개, 깨소금 20g,
간장 30mL, 설탕 10g, 들기름 20mL, 굴소스 10mL

만드는 방법

1 물쑥은 데쳐서 절구에 찧는다.

2 녹두전분, 밀가루, 소금을 섞고 고운체에 2번 내려준 뒤 찧은 물쑥과
   뜨거운 물을 넣어 익반죽한다.

3 반죽은 공기가 통하지 않게 덮어 냉장고에서 1시간 숙성시킨다.

만두소 만드는 방법

1 병아리콩은 하룻밤 불리고 삶아 으깬다.

2 숙주는 데치고, 두부는 으깨서 물기를 제거한다.

3 불린 표고는 잘게 다지고 물기를 짠다.

4 으깬 콩과 다진 숙주, 으깬 두부, 다진 표고, 깨소금, 굴소스, 간장, 설
   탕, 들기름을 한데 넣고 섞어 만두소를 만든다.

쑥은 우리에게 친근한 식재로 오랜 역사를 가지고 있다. 종류로 따지면
50가지가 넘는데, 그중에서 이번에 식재로 사용한 물쑥은 물을 좋아해
하천 근처에서 많이 자란다. 산에서 자라는 쑥은 우리에게 익숙하지만
물가에 자라는 물쑥은 사람들이 잘 모르는 식재이다. 하천 옆을 지나다
보면 모양이 잡초와 비슷한 물쑥이 여기저기 눈에 띄는데, 물쑥을 잘 모
르는 사람은 바로 앞에 있어도 모르고 그냥 지나치기 쉽다.
물쑥은 뿌리부터 잎까지 먹을 수 있는 식재료이다. 뿌리는 3월쯤 연할 때
채취해야 하고 줄기는 4월경 채취하면 질기지 않고 연하게 먹을 수 있다.
맛은 쓴맛이 강해 약용으로 많이 사용했는데 음식에 쓸때는 쓴맛을 제거
하기 위해 데치고 난 뒤 물에 담가 두면 부담 없이 먹을 수 있다.

제3장 현대의 만두

시래기 채식 만두

건채소 기분 좋은 식감

재료

만두피 재료
밀가루 200g, 물 100mL, 소금 2g

만두소 재료
불린 시래기 100g, 불린 표고 2개, 불린 무말랭이 50g, 두부 50g,
당근 20g, 다진 마늘 10g, 고춧가루 10g, 생강즙 5mL, 미소 1큰술, 굴소스 2큰술,
전분 조금, 후춧가루 조금, 소금 조금

만드는 방법

1 밀가루와 물, 소금을 섞어 반죽한다.
2 한 덩어리로 뭉친 반죽은 공기가 통하지 않게 덮어 냉장고에서 1시간 숙성시킨다.
3 숙성된 반죽은 적당량 분할해 얇게 밀대로 민다.
4 얇게 민 만두피에 만두소를 적당량 넣고 만두를 빚는다.
5 찜기의 물이 끓으면 만두를 넣고 10분간 찐다.

만두소 만드는 방법

1 만두소 재료인 불린 시래기, 불린 표고, 불린 무말랭이, 당근은 잘게 다지고 두부는 으깨서 물기를 제거한다.
2 다진 시래기, 다진 표고, 다진 무말랭이, 으깬 두부, 다진 당근, 다진 마늘, 미소, 전분, 굴소스, 고춧가루, 생강즙, 후춧가루, 소금을 넣고 섞는다.

추운 겨울날이 되면 김장에 사용할 무를 뽑고 남은 무청 시래기들이 한 가득 널부러져 있다. 시래기는 배추시래기, 무청시래기 두 가지가 있는데 무청시래기는 맛도 배추시래기보다 훨씬 더 좋고 식감도 꼬들꼬들하다. 겨울내내 장대에 널어놓은 시래기가 바싹 마르면 시래기 국, 무침, 볶음 등 여러 음식을 만드는 데 사용한다. 겨우내 바짝 마른 시래기는 건조되기 전보다 식이섬유가 훨씬 풍부하고 구수한 맛도 배가 되어 만두에 들어가면 역할을 톡톡히 해준다. 시래기 채식 만두는 다른 만두보다 구수한 맛이 일품인데, 고향의 향수를 불러일으키는 정감 가는 만두이다. 시래기 채식 만두는 무말랭이와 표고, 시래기, 고춧가루를 만두소로 사용하는데 말린 나물이 구수한 향과 고기와 유사한 식감을 가지고 있어 마치 고기가 들어있다는 착각이 들 정도로 맛이 좋다.

우리의 색깔을 품고있는

술지게미 두부 만두

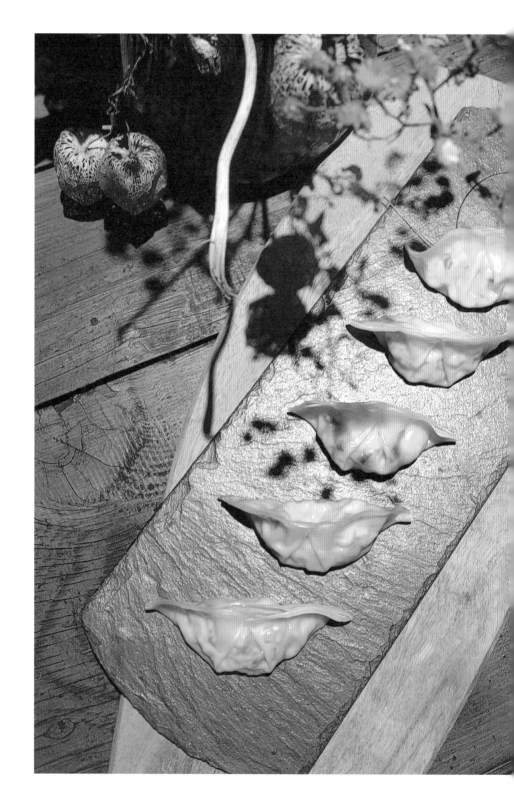

재료

만두피 재료
밀가루 200g, 물 100g, 소금 2g

만두소 재료
손두부 2모, 술지게미 무장아찌 100g,
깻잎 5장, 간장 15mL, 설탕 15g, 참기름 30mL,
소금 조금

만드는 방법

1 밀가루과 물, 소금을 섞어 반죽한다.

2 한 덩어리로 뭉친 반죽은 공기가 통하지 않게 덮어 냉장고에서 1시간
   숙성시킨다.

3 숙성된 반죽은 적당량 분할해 얇게 밀대로 민다.

4 얇게 민 만두피에 만두소를 적당량 넣고 만두를 빚는다.

5 찜기의 물이 끓으면 만두를 넣고 9분간 찐다.

만두소 만드는 방법

1 두부는 으깨서 면보로 물기를 제거한다.

2 술지게미에 묻어둔 무장아찌는 씻어 얇게 채를 썰고 물기를 짜준다.

3 깻잎도 다져주고 두부, 무장아찌, 간장, 소금, 설탕, 참기름을 넣고 섞
   는다.

두부는 한국인이 가장 즐겨먹는 음식 중 하나로 국, 찌개, 구이 등 여러 방식의 조리법으로 만들어 먹는다. 두부는 맛이 연하여 다른 음식에 들어가도 맛을 해치지 않고 잘 어우러진다. 만두에도 두부는 항상 들어간다. 만두소로 두부를 사용하는 것은 우리나라 만두의 가장 큰 특징인데, 목축업이 활발하지 않았던 우리나라는 만두소에 고기를 사용하기란 쉬운 일이 아니었다. 따라서 만두소에는 고기를 최대한 적게 사용하고 부족한 단백질은 콩으로 만든 두부를 사용해 보완하였다. 동물성 단백질과 식물성 단백질을 같이 넣어 만두를 만들었다는 점이 우리 만두의 특색이다.

지금도 만두에 두부가 들어가지 않는 것이 오히려 이상하다고 여겨질 정도이니 말이다.

슴슴한 두부만두소 사이에서 술지게미로 절인 무장아찌가 달큰한 향미로 자기 존재를 과시한다.

무를 소금물에 절여 술지게미에 박아 발효를 시킨 무장아찌는 무던한 두부와 개성미 강한 무장아찌가 만두소로 만나 새로운 맛의 만두가 만들어졌다.

옥잠화꽃 만두

순백의 향과 순수한 콩

재료

만두피 재료
옥잠화 꽃 10개, 밀가루 10g

만두소 재료
손두부 1모, 들기름 15mL,
핑크 후추 1g, 소금 적당량

초간장 재료
간장 15mL, 식초 5mL, 매실청 10mL

만드는 방법

1 옥잠화 꽃은 칼집을 한 쪽 면에 넣고 벌려 꽃술을 제거한 뒤 물로 조심
히 세척해서 물기를 제거한다.

2 꽃 속에 밀가루를 얇게 묻힌 뒤 만두소를 넣고 오므려 준다.

3 찜기의 물이 끓으면 만두를 넣고 3분 정도 찐다.

4 초간장을 곁들여 낸다.

만두소 만드는 방법

1 두부는 면포로 물기를 제거 후 곱게 으깬다.

2 핑크 후추는 거칠게 찧어둔다.

3 두부, 들기름, 핑크 후추, 소금을 넣는다.

옥잠화는 하얗고 긴 옥비녀와 같은 모습을 하고 있다. 백합과의 꽃 중 하나로 어린잎과 꽃은 식용이 가능하며 약용으로도 사용된다. 옥잠화와 비슷한 생김새를 한 꽃으로는 비비추가 있는데 둘의 생김새가 비슷해 구분하기 어렵다. 옥잠화는 흰색으로 크기가 비비추보다 조금 더 크며 꽃이 줄기 끝부분에 뭉쳐 개화를 하고, 비비추는 자주색으로 줄기 중간부터 끝까지 꽃을 피워낸다.

두 가지 꽃 모두 식용이 가능하지만, 주로 식용은 백색인 옥잠화를 사용하며 만두를 빚을 때는 꽃이 만개하기 직전 꽃봉오리 상태에서 채취해 만두를 빚는다. 백합, 백련, 흰 민들레처럼 흰색은 조용하고 깨끗한 느낌을 주어 그 자체로 음식의 아름다움을 더욱 높여준다.

옥잠화

비비추

제3장 현대의 만두

만두피에 사용되는 곡류

① **밀** 다른 가루들에 비해 밀가루 속에 함유된 글루텐으로 인해 반죽을 만들기가 쉽고 가격이 저렴하여 전 세계적으로 밀가루를 많이 사용한다. 밀가루로 피를 만들 때는 소금을 밀가루 양의 1~2%정도 넣어 반죽의 탄력성을 높인다.

② **메밀** 춥고 척박한 환경에서도 잘 자라며 생육 기간이 70일 정도로 짧다. 우리나라에서는 메밀이 잘 자라는 북부 지방에서 만두피의 재료로 많이 사용하였지만, 글루텐이 없어 찰기를 만들지 못하기 때문에 보통 메밀 만두피에는 밀가루나 전분을 섞어 사용한다. 전분을 많이 넣으면 반죽이 질겨지므로 전분은 30% 이내, 밀가루는 50% 이내로 섞어준다. 보통 판매하는 메밀면은 메밀가루 함량이 30~40% 이내다.

③ **감자전분** 강원도 지방에서는 감자를 이용해 만두피를 많이 만들어 먹었다. 감자는 당분이 적고 전분이 주성분인 알칼리성 식품이다. 위염 예방에 좋고 겨울철 비타민 보충에 중요한 역할을 하기도 한다. 감자전분을 사용한 감자전분 피는 쫀득쫀득하고 담백한 맛이 특징이다.

④ **쌀** 쌀 피는 글루텐이 없어 밀피보다는 점성과 탄력성이 덜하다. 반면에 글루텐이 없어 부드러운 식감을 가지고 있으며 글루텐에 거부감이 있는 사람도 건강하게 먹을 수 있는 곡류이기도 하다. 탄력이 적다보니 얇게 밀기가 쉽지 않다. 쌀 피는 두껍게 밀어 만두를 빚어도 그만의 매력이 있는 만두이다.

⑤ **찹쌀** 쫀득한 식감을 주는 찹쌀은 가루를 내어 메밀가루, 밀가루, 감자전분, 쌀가루 등과 함께 섞어서 많이 쓴다. 찹쌀만으로도 만두피를 만들 수 있는데 반죽에 힘이 없어 통상적으로 많이 사용하지는 않는다.

⑥ **통밀가루** 통밀가루는 일반적인 밀가루보다 제분을 덜한 것을 빻아 만드는데 밀가루보다 영양소가 풍부하다. 식이섬유가 월등히 풍부하여 한때 폭발적인 인기를 얻어 빵을 만들 때 많이 사용하였다. 껍질과 함께 제분하여 밀가루보다 다소 거친 느낌이 있다.

제3장 현대의 만두

세계의 만두

4장에서는 세계의 만두를 소개한다. 만두는 세계전역에서 먹는 세계인의 음식이다. 만두는 어느 나라에서나 축제와 화합을 상징하는 음식이라는 공통점을 가지고 있다. 또 여행자의 음식이기도 하였다. 중국의 만두부터 스페인, 스웨덴, 베트남에서 네팔과 러시아의 만두까지 세계는 만두라는 음식으로 이어져 있는 것 같다. 만두의 시작은 하나였지만 여러 나라로 전파되는 과정에서 다양한 얼굴을 갖게 되었다는 것을 확인하게 된다. 그 나라의 역사, 문화, 기후, 종교가 반영된 세계의 만두를 통해서 음식은 그 나라를 볼 수 있는 가장 멋진 창이라는 생각이 든다. 아울러 다른 나라의 음식을 대할 때 그 존중하는 마음자세로 대하여 한다는 마음가짐도 세계의 만두를 복원하면서 갖게 되었다.

하가우

중국을 대표하는 새우 만두

재료

만두피 재료
밀전분 100g, 감자 전분 50g, 끓는 물 120mL, 소금 2g

만두소 재료
새우살 300g, 다진 죽순 30g, 갈은 돼지비계 30g, 다진 쪽파 10g, 생강즙 15mL,
치킨파우더 5g, 감자전분 20g, 설탕 10g, 참기름 10mL, 후춧가루 조금, 소금 조금

만드는 방법

1 밀전분과 감자전분, 소금을 섞어 끓는 물을 조금씩 넣어가며 익반죽
　한다.
2 반죽은 공기가 통하지 않게 덮어 30분 동안 냉장고에서 숙성한다.
3 숙성된 반죽을 적당량 분할해 만두소를 넣고 모양을 잡는다.
4 찜기에 물이 끓으면 면보를 깔고 만두를 얹어 7분간 찐다.

만두소 만드는 방법

1 새우살은 소금물에 담가 비린내를 제거하고 물기를 제거하여 내장을
　빼고 다진다.
2 다진 새우살에 다진 죽순, 갈은 돼지비계, 다진 쪽파, 생강즙, 치킨파
　우더, 전분, 설탕, 후춧가루, 참기름, 소금을 넣고 치댄다.

하가우는 광둥 지역의 요리다. 바다와 접해 있는 광둥 지역의 지리적 특
성으로 인해 하가우는 만두소의 주재료로 새우를 사용하였다. 처음에 하
가우는 해산물을 만두소의 주재료로 사용하다가 새우가 많이 잡히게 되
면서 새우를 주재료로 활용하기 시작해 지금의 하가우가 되었다. 수정같
이 투명하며 속이 보이는 만두로 유명한 하가우는 만두피를 밀가루가 아
닌 전분으로 만든다. 이러한 이유로 찌기 전 밀가루 피 보다는 약해 쉽게 찢
어질 수 있지만 익히고 나면 더욱 쫄깃하고 속이 비치는 투명한 피는 보
기에도 예쁘고 색다르다.
하가우를 만들 때는 신선한 생물 새우를 사용하고 내장을 꼭 제거해야
맛도 좋고 새우의 비린내도 나지 않는다.
하가우의 피는 밀전분을 이용하는데 밀전분만 사용할 시에는 찰기가 덜
하여 감자전분을 소량 넣어 만두의 찰기를 더해주어야 한다. 밀전분에
감자전분을 얼만큼 섞느냐에 따라서 물의 양이 크게 달라지기 때문에 물
은 소량씩 넣어가며 맞춰주는 것이 좋다.

샤오룽바오

중국

중국의 바오쯔[包子, 만두] 가운데 한 종류로 우리나라에서도 대중적으로 잘 알려진 만두이다. 샤오룽바오는 만두의 황제라고 불리며 우리말로 소룡포(小籠包)라고 한다. 만두소는 돼지 껍질을 푹 고아서 만든 육수를 젤리처럼 굳힌 후 요리할 때 다져서 고기와 채소에 섞어 주는데 그렇게 하면 찌는 과정에서 굳어 있던 육수가 녹아 다시 액체 상태로 바뀌게 되면서 만두를 쪘을 때 만두 속에 육수가 꽉 차게 된다. 이렇게 만두 속이 육수로 가득 찬 만두는 매우 뜨겁기 때문에 베어 물때 입안이 데지 않게 주의해야 한다.

샤오룽바오는 육수를 만두 속에 가두는 과정도 번거롭지만 만두피의 주름을 잡는 일도 매우 까다롭다. 주름을 하나씩 하나씩 손으로 집어 만두피를 접어 가며 주름을 만들어줘야 한다.

조리 과정이 매우 복잡하고 까다로워 과거 중국에서는 상류층들이 즐겨 먹던 음식이다. 장인의 손기술과 요리법이 무엇보다 중요한 음식이기 때문에 지금도 샤오룽바오는 고급 음식, 고급 만두에 속한다.

재료

만두피 재료
강력분 150g, 뜨거운 물 75mL,
소금 1g

만두소 재료
다진 돼지고기 200g,
다진 대파 20g, 마늘 8g,
간장 15mL, 생강즙 15mL,
술 10mL, 설탕 10g, 소금 조금,
후춧가루 조금

굳힌 육수 재료
돼지 껍데기 400g, 닭뼈 100g,
생강 1/2개, 대파 1줄기, 물 1.5L,
소금 조금

만드는 방법

1 강력분과 뜨거운 물, 소금을 넣고 익반죽 해서 공기가 통하지 않게 덮어 30분간 숙성시킨다.

2 숙성시킨 만두피 반죽은 적당량 분할해 얇게 밀어 만두소를 넣고 모양을 잡는다.

3 찜기에 물이 끓으면 면보를 깔고 만두를 넣어 8분간 찐다.

만두소 만드는 방법

1 돼지껍질을 육수를 만들기 위해 잡내를 제거하고 썰기 좋게 살짝 데쳐서 채를 친다.

2 팬에 육수 재료인 돼지껍데기, 닭뼈, 생강, 대파, 물, 소금를 넣고 40분 정도 끓인다.

3 끓인 육수는 쟁반에 붓고 냉장고에서 굳힌 다음 다진다.

4 다진 돼지고기, 다진 대파, 다진 마늘, 간장, 생강즙, 설탕, 소금, 후춧가루와 굳힌 육수를 섞는다.

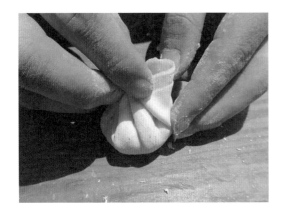

제4장 세계의 만두

엠파나다 Empanada

빵과 만두의 조화를 보여주는

스페인

재료

만두피 재료

중력분 200g, 버터 50g, 우유 50mL,
물 30mL, 소금 2g

만두소 재료

다진 쇠고기 200g, 양파 1/2개, 완두콩 50g,
홍고추 2개, 토마토 홀50g, 대파 1줄기,
완숙 계란 2개, 올리브 30g, 페타치즈 20g, 버터 1큰술,
오레가노 5g, 소금 조금, 후춧가루 조금

부재료

파르메산치즈

엠파나다는 스페인식 군만두다. 스페인 전통 음식인 엠파나다는 밀가루 반죽 안에 다양한 속 재료를 넣어 굽거나 튀겨내는데 조리법이 우리나라 군만두와 매우 비슷하다. 엠파나다는 만두소로 다양한 재료를 사용한다. 스페인을 비롯해 유럽 전역에서 인기 있고 보편화된 음식이기 때문에 지역마다 도시마다 다양한 만두 속 재료를 사용한다. 보편적으로는 만두소로 고기나 해산물, 채소, 과일을 다져서 넣는다. 엠파나다는 오븐에 구워 파이 형식으로 만들어 잘라먹는다. 베네수엘라에서는 익힌 옥수수 가루로 엠파나다를 만든 뒤 기름에 튀겨 먹기도 한다.

이번에 만든 엠파나다는 두툼한 만두피를 찢고 그 위에 만두소를 얹어 먹는다. 또 만두소에는 토마토홀이 들어가 맛이 산뜻하며 피자와 맛이 비슷하다.

Tip
만두피가 일반적인 만두피보다
두껍다 보니 간을 세게 한다.

만드는 방법

1 도마에 중력분과 버터를 놓고 버터를 잘게 잘라 우유, 물, 소금을 넣고
치대서 한덩어리를 만든 뒤 공기가 통하지 않게 덮어 1시간 정도 버터
가 녹지 않게끔 냉장고에서 숙성한다.

2 숙성된 반죽을 0.2~0.3cm정도의 두께로 두께감 있게 밀대로 밀어 국
그릇 크기로 만두피를 찍어낸다.

3 만두피에 만두소를 넣고 반절로 접어 이음새를 포크로 누르면서 모양
을 잡는다.

4 기름 온도가 180도로 오르면 만두를 넣고 5분간 튀긴다.

만두소 만드는 방법

1 양파, 홍고추, 토마토홀, 대파, 완숙 계란은 씹는 식감이 있을 정도로
굵게 다진다.

2 팬에 쇠고기와 양파를 넣고 볶고 익으면 체에 받쳐 식히면서 기름을
뺀다.

3 볶은 쇠고기에 다진 홍고추, 토마토홀, 대파, 완두콩, 완숙 계란, 올리
브, 버터, 페타치즈, 소금, 후춧가루, 오레가노를 넣고 섞는다.

제4장 세계의 만두

사모사 Samosa

종교문화의 색을 지닌 만두

인도

재료

만두피 재료
박력분 200g, 물 95mL, 기름 10mL,
아지웨인가루 5g, 소금 2g

만두소 재료
감자 400g, 양파 1/2개, 완두콩 50g,
다진 마늘 8g, 건고추 10g, 코리앤더파우더
1/2작은술, 가람마살라 1큰술,
커민 씨드 1/2작은술, 설탕 1작은술, 물 30mL,
소금 조금, 카레가루 조금

만드는 방법

1 만두피 재료는 한데 모아 한덩어리로 만들고 실온에 30분 숙성시킨다.
2 숙성된 반죽은 넓게 밀어 국그릇 정도 크기의 만두피를 찍어내어 반원 모양으로 자른다.
3 반원 모양의 만두피에 만두소를 넣고 반으로 접어 한면을 붙인다.
4 만두를 역삼각형 모양으로 잡고 만두소를 마저 꼼꼼히 누르면서 더 채운다.
5 만두소가 다 차면 삼각형 양쪽 끝에서부터 만두피를 붙인다.
6 튀김기름이 180도 정도가 되면 만두를 넣고 4~5분간 튀긴다.

만두소 만드는 방법

1 감자는 얇게 썰어 소금과 함께 물에 삶아 익으면 체에 받쳐 물기를 제거한 후 으깬다.
2 양파, 건고추는 굵게 다진다.
3 팬에 기름을 두르고 커민씨드, 마늘을 넣고 볶다가 양파, 완두콩, 코리앤더파우더, 카레가루, 소금, 물 순으로 볶는다.
* 볶은 재료의 간은 나중에 감자와 섞기 때문에 조금 세게 해야 한다.
4 볶은 재료는 으깬 감자와 섞는다.

제4장 세계의 만두

인도나 네팔에서 많이 먹는 카레와 채소를 넣은 대중적인 튀김 만두다. 사모사는 식사라기 보다는 간식이나 애피타이저로 즐겨 먹는데, 향이 센 향신료로 맛을 내기도 하고 밀가루 반죽 또는 페이스트리 반죽으로 만두 피를 만들어 튀겨 먹는다. 인도나 네팔처럼 종교적인 이유로 만두소에 육류를 사용하기 어려운 나라는 카레와 감자, 콩 등 채소를 많이 활용한다. 특히 인도처럼 향신료가 발달한 나라는 대부분의 음식이 향이 강하고 여러 가지 향신료를 음식에 다양하게 사용한다. 사모사도 아지웨인, 코리앤더, 카레가루, 가람마살라 등 여러가지 향신료를 사용하여 일반적인 만두보다 향과 맛이 강한 편이다.

제4장 세계의 만두

애플 덤플링 Apple Dumpling

과일소의 달달한 맛을 가진 별식 만두

미국

재료

만두피 재료
박력분 100g, 강력분 40g, 소금 1g, 버터 120g,
찬물 50mL

만두소 재료
사과 2개, 황설탕 50g, 버터 30g,
시나몬 가루 1/3작은술, 전분 1큰술,
바닐라빈 럼 3큰술, 물 50mL, 소금 조금

계란물 재료
계란 1개, 우유 15mL, 물 5mL

시럽 재료
물 10mL, 설탕 70g

덤플링(Dumpling)은 밀가루 따위의 가루 재료로 반죽을 빚어 만든 음식을 말한다. 애플 덤플링은 밀가루에 버터를 섞어 반죽한 피에 사과 필링을 소로 넣고 구워낸 만두와 유사한 음식이다. 따라서 포괄적으로 본다면 애플파이도 만두의 한 종류이기 때문에, 사과 만두라고 하여도 틀린 표현은 아니다.

애플 덤플링의 식재료는 구하기 쉽고 요리법 또한 간단하다. 주재료인 사과는 펙틴(Pectin) 성분이 풍부해 위장 운동을 도와주고 항산화 작용이 뛰어난 퀘르세틴(Quercetin)은 항바이러스, 항균 작용에 도움을 준다. 이처럼 영양 만점인 애플 덤플링은 간식이나 식사 대용으로 꾸준히 인기가 있는 메뉴다.

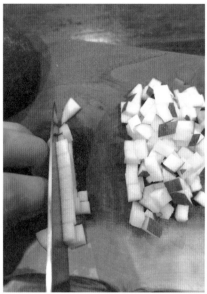

Tip

페이스트리 반죽을 할때에는
버터가 녹지 않는 것이 중요하므로
중간중간 버터가 녹아 반죽이
늘어지면 냉장고에서 휴지시킨 뒤
다시 반죽을 만져준다.

만드는 방법

1 박력분과 강력분은 체를 쳐서 준비한다.

2 박력분과 강력분에 소금, 버터를 넣고 스크래퍼로 버터를 쌀알크기로 자르듯이 섞는다.

3 버터가 잘게 잘라지면 찬물을 넣고 버터가 녹지 않게 빠르게 덩어리를 만들어 랩으로 감싸 냉장고에 1시간 휴지시킨다.

4 반죽을 밀대로 직사각형 모양으로 밀어 세번 접어주고 접은 반죽을 90도 돌려 결과 반대방향으로 다시 밀어 세번 접는 과정을 3번 반복한다.

* 이것을 제과에서는 3절접기라 한다.

5 반죽을 틀로 찍어낸다.

6 피에 식힌 만두소를 넣고 반으로 접고 윗면에 칼집을 내서 모양을 만든다.

7 굽기 전 계란물을 발라서 180도로 예열된 오븐에 넣고 굽는다.

8 구운 만두가 나오면 겉면에 시럽을 바른다.

* 시럽은 물 100mL과 설탕 70g을 냄비에 넣고 젓지 말고 끓인다.

만두소 만드는 방법

1 사과를 큐브 모양으로 잘게 썬다.

2 팬에 사과, 전분, 시나몬 가루, 황설탕, 소금을 볶다가 물을 넣고 끓인다.

3 물이 반으로 졸면 불을 끄고 버터와 럼을 넣어주고 냄비째 찬물 위에서 식힌다.

제4장 세계의 만두

투박함이 매력인

피테팔트 Pitepalt

스웨덴의 음식으로 "크롭카카"를 지역의 입맛에 맞게 변형한 음식으로 피테에의 팔트(Palt), 즉 피테에의 특별식이다. 들어가는 재료는 시중에 쉽게 구할 수 있는 것으로 간단히 만들 수 있다. 생감자와 보리가루 또는 밀가루로 반죽하고 소고기나 돼지고기, 양파와 소금으로 양념을 해 소로 사용하고 한국의 물만두처럼 끓는 물에 삶아 먹는다. 역사가 오래된 음식인 만큼 지역이나 가정의 기호에 맞게 요리법 또한 매우 다양하다. 스웨덴 사람들은 북반구 지역에서 주로 재배되는 월귤로 만든 월귤잼을 피테팔트에 곁들여 먹었다. 만드는 방법은 강원도의 막가리 만두와 유사해 우리의 만두와 비교해서 먹어보면 좋을 것이다.

스웨덴

재료

만두피 재료
감자 1kg, 보리 가루 100g, 소금 2g

만두소 재료
베이컨 50g, 소고기 100g,
양파 1/2개

곁들일 소스 재료
월귤잼, 버터, 카엔페퍼 분말

만드는 방법

1 감자를 세척하여 껍질을 제거한 후 치즈그라인더에 간다.

2 간 감자는 체에 받쳐 물기를 80%만 제거하고 보리가루와 소금을 섞어 반죽한다.

3 반죽을 조금씩 떼어 손가락으로 눌러가며 펴준다.

4 편 반죽에 만두소를 넣고 동그랗게 빚는다.

5 빚은 만두는 끓는 물에 넣고 떠오를 때까지 삶는다.

6 완성된 만두는 월귤잼 또는 크림과 버터를 곁들여 먹는다.

만두소 만드는 방법

1 베이컨과 양파, 소고기를 곱게 다진다.

2 팬에 소고기를 볶다가 양파, 베이컨을 넣고 한 번 더 볶는다.

3 볶은 만두소는 체에 받쳐 기름을 제거한다.

제4장 세계의 만두

재료

만두피 재료
밀가루 200g, 달걀 90g, 물 20mL, 소금 2g

만두소 재료
다진 소고기 200g, 다진 베이컨 4장, 감자 1개,
다진 양파 1/2개, 다진 당근 30g, 커민가루 15g,
버터 1큰술, 치킨스톡 5g, 소금 조금

육수 재료
닭뼈 1마리분, 양파 1/2개, 당근 1개, 대파 1줄기,
월계수잎 2장, 치킨스톡 10g, 물 4L, 소금 조금

만드는 방법

1 밀가루, 달걀, 소금을 넣고 섞는데, 농도를 보면서 물을 추가로 넣어가
  며 반죽을 만들어 1시간 냉장고에서 숙성을 한다.

2 숙성된 반죽은 밀대로 밀어 8×8cm 정사각형으로 자른다.

3 사각 만두피에 만두소를 넣고 반으로 접어 삼각형 모양으로 만든다.

4 준비된 육수에 만두를 넣고 떠오를 때까지 삶아 육수와 같이 접시에
  담는다.

만두소 만드는 방법

1 감자는 얇게 썰어 소금과 함께 물에 삶아서 익으면 체에 받쳐 물기를
  제거 후 으깬다.

2 팬에 버터, 소고기, 당근, 양파, 베이컨, 커민가루, 치킨스톡, 소금 순서
  대로 넣어 볶은 뒤 식힌다.

3 으깬 감자와 볶아둔 재료를 넣고 섞는다.

크레플라흐 또한 덤플링에 속한다. 우리 나라의 만둣국과 유사한 크레플라흐는 소고기와 야채 등을 넣어 빚은 뒤 닭고기 육수에 끓여 먹는다. 일반적으로는 닭고기 육수(닭고기 스프)에 넣어 끓여 먹지만 튀김으로 요리해 먹을 수도 있다. 크레플라흐는 이스라엘 전통 만두로 이스라엘 국민의 74.8%가 유대교이기 때문에 돼지고기를 음식 재료로 사용하지 않는다. 유대교 음식에 관한 규정서인 《코셔(Kosher)》에서 돼지고기 섭취를 금하기 때문이다. 이러한 이유로 크레플라흐에는 소고기가 사용된다. 삼각인 모양뿐만이 아니라 국에 같이 곁들여 먹는 것이 우리 전통 만두인 변씨만두와 무척 유사하다.

제4장 세계의 만두

반봇록 Banh Bot Loc

재료

만두피 재료
타피오카 전분 200g, 뜨거운 물 140mL, 식용유 15mL, 소금 2g

만두소 재료
작은 새우 100g, 다진 돼지고기 100g, 코코넛물 1/2컵, 양파 1/2개, 베트남 건고추 3개,
다진 마늘 5g, 고추기름 60mL, 설탕 10g, 후춧가루 조금, 소금 조금

느억맘 소스 재료
액젓 30mL, 물 60mL, 설탕 10g, 사과 식초 30mL, 레몬즙 15mL,
설탕 10g, 으깬 마늘 5g, 홍고추 조금, 청고추 조금, 쪽파 조금

만드는 방법

1 타피오카 전분에 뜨거운 물, 식용유, 소금을 넣고 익반죽을 한다.
2 완성된 반죽은 젖은 면보로 덮어 마르지 않게 하고 적당량 덜어서 밀
  대로 밀어 만두피를 만든다.
3 만두피 위에 만두소를 올리고 반으로 접어 만두를 빚는다.
4 끓는물에 만두를 넣고 떠오르거나 반투명해질 때까지 삶는다.
5 삶은 만두는 찬물에 담가 한 김 식혀 느억맘 소스를 곁들여준다.

만두소 만드는 방법

1 팬에 고추기름을 둘러 양파, 마늘, 베트남 건고추를 볶는다.
2 1번에 다진 돼지고기를 넣고 볶다가 새우를 넣는다.
3 2번 재료가 어느정도 익으면 코코넛물, 소금, 설탕, 후춧가루를 넣고
  볶는다.

반봇록은 베트남 음식의 시초라고 불리는 후에(Hué) 지역의 음식이다. 베트남의 대표 미식 도시인 후에는 왕실 음식부터 서민 음식까지 다양한 음식이 전해진다. 타피오카 반죽에 새우, 돼지고기를 볶아 소로 만들어 만두처럼 빚어서 삶기도 하고, 바나나잎에 싸서 찌기도 한다.
타피오카 반죽으로 만두피를 만들면 떡처럼 식감이 쫄깃하고 물에 삶아도 불지 않고 탱글탱글하다. 투명하게 비치는 만두피 속에 은은한 붉은 빛깔의 소가 무척 아름답게 느껴진다. 반봇록은 베트남 왕실에서 즐겨 먹던 특별한 만두였지만 지금은 베트남 전 지역 어디서도 쉽게 볼 수 있고, 베트남 여행 중 꼭 먹어야 할 음식으로 손꼽힌다.

먼길을 여행하는 만두

네팔

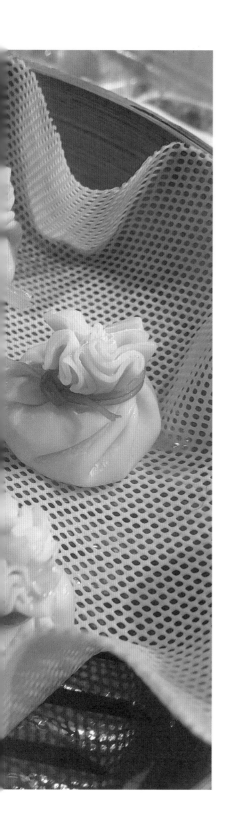

재료

만두피 재료
밀가루 200g, 물 100mL, 소금 2g

만두소 재료
다진 닭고기 300g, 다진 양파 1개,
다진 양배추 50g, 다진 고수잎 10g,
다진 대파 20g, 다진 마늘 8g, 가람마살라 3g,
레드칠리파우더 2g, 강황가루 3g, 생강즙 10mL,
올리브오일 15mL, 물 60mL, 소금 5g

소스 재료
토마토 2개, 양파 1/2개, 물 100mL, 참깨 30g,
고수 10g, 올리브 오일 45mL, 큐민 5g,
칠리파우더 20g, 고추 1개, 마늘 1쪽, 소금 조금

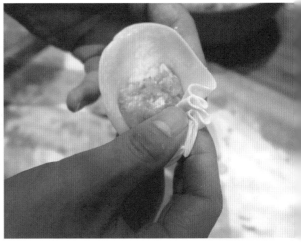

만드는 방법

1 밀가루와 물, 소금을 섞어 한덩어리 반죽을 공기가 통하지 않게 덮어 냉장고에서 1시간 숙성시킨다.

2 반죽을 밀대로 얇게 밀고 동그란 틀로 찍어 만두피를 만든다.

3 만두피에 만두소를 적당량 넣고 모양을 잡는다.

4 찜기에 물이 끓으면 만두를 넣고 10분간 찐다.

만두소 만드는 방법

1 다진 양파와 다진 양배추는 소금 3g을 뿌려 절여지면 물기를 짜서 준비한다.

2 다진 닭고기, 절인 양파와 양배추, 다진 고수 잎, 다진 대파, 다진 마늘, 가람마살라, 레드칠리파우더, 강황 가루, 생강즙, 올리브오일, 물, 소금을 넣고 한쪽 방향으로 저어 섞어준다.

소스 만드는 방법

1 토마토는 겉면을 태워서 껍질을 벗겨 잘게 썬다.

2 양파와 고수는 듬성듬성 썰고, 참깨는 볶는다.

3 팬에 오일을 두르고 큐민, 양파, 고추, 마늘을 볶는다.

4 브라운 색이 돌면 토마토를 넣고 물러질 때까지 볶다 소금, 칠리파우더를 넣고 다시 볶다가 물과 고수를 넣고 끓이면서 졸인다.

5 볶은 재료와 볶은 참깨를 넣고 믹서에 간다.

모모는 티베트어에 어원을 두고 있으며 네팔, 티베트, 태국, 인도, 부탄에서 두루 먹는 음식이다. 일본에도 모모(もも)라는 말이 있는데 일본에서는 복숭아를 모모라고 하지만 히말라야 산맥 근처와 북동인도 국가에서 모모라고 하면 모두가 만두로 알아듣는다.

러시아의 펠메니처럼 일부 추운 지방에서 값싼 가격으로 배를 채우고 휴대하기도 쉬워야 해서 만두피가 두꺼웠을 것으로 짐작한다.

모모를 많이 먹는 지역은 네팔과 인도 부근이다. 네팔 87%가 힌두교, 이슬람교는 4%이다. 또 인도는 80.5%가 힌두교, 13.4%가 이슬람교이다. 힌두교는 소고기를 먹지 않고 이슬람교는 돼지고기를 먹지 않기 때문에 모모는 야채 모모, 소고기 모모, 돼지고기 모모, 치즈 모모처럼 종류가 다양하다. 또 종교적인 이유로 네팔이나 인도에서는 만두소를 야채로만 채우기도 해서 모모는 비건(Vegan)들이 많이 찾는 음식이기도 하다. 인도나 네팔은 향신료가 발달하여 모모에는 약간의 향신료가 들어가는데 만두피의 감자 전분의 고소함이 향신료와 어우러지면 은은하고도 진한 모모의 매력이 발산된다.

애초에 모모라는 말이 티베트어에 어원을 두고 있는 것처럼, 모모는 티베트 상인들이 네팔로 인도로 전파한 음식이다. 모모는 값싼 음식으로 상인들뿐만 아니라 서민들에게도 사랑받는 음식이었다. 모모는 사골 국물이나 다른 육수와 함께 끓여 먹기도 하는데 국물이 있는 모모를 '졸모모'라고 부르는데 우리나라의 만둣국과 비슷하다.

펠메니 Pelmeni

펠메니는 간식이라기 보다는 주식이라고 할 수 있다. 간은 약하게 조리하고 러시아식 사워크림인 스메타나를 곁들여서 먹는데 지역에 따라 녹인 버터, 머스터드, 고추냉이, 토마토 소스, 식초 등 다양한 크림이나 소스와 같이 먹기도 한다.

펠메니는 역사가 긴 음식인만큼 러시아 어디에서든 볼 수 있는데 유구한 역사에 걸맞게 지역에 따라 조리법도 다양하다. 만두 소에 고기 대신에 버섯을 넣기도 하고 완성된 펠메니를 냉동시켰다가 튀기거나 끓여서 먹기도 한다. 지금까지도 시베리아 지역의 사람들은 펠메니를 얼려 가지고 다니며 배고플 때 녹여 먹는다.

306

펠메니는 대중적이고 저렴하게 먹을 수 있는 음식이지만 최고급 레스토랑에 메뉴로 올라가기도 한다. 러시아 고급 음식점에서는 순록 고기를 만두 소로 사용하기도 한다.

러시아의 만두 문화는 세계 곳곳에 두루 퍼져있다. 13세기 칭기즈칸의 활약으로 러시아가 몽골인들에게 점령당했을 때 펠메니가 널리 퍼지기 시작했다는 가설이 있고 북방계 민족들의 만두를 빚는 문화는 몽골의 침입으로 러시아에 확산되었다는 설도 있다.

재료

만두피 재료
밀가루 200g, 우유 20mL,
계란 흰자 1개, 물 70mL, 소금 2g

만두소 재료
다진 소고기 100g,
다진 돼지고기 150g, 감자 2개,
다진 양파 50g, 다진 대파 20g,
계란 노른자 1개, 소금 조금,
후춧가루 조금

그 외 재료
버터, 사워크림

만드는 방법

1 밀가루, 우유, 계란 흰자, 물, 소금을 넣고 반죽
  하여 한덩어리로 만든 다음 공기가 통하지 않게
  덮어 냉장고에서 30분 정도 숙성시킨다.

2 숙성된 반죽을 밀대로 밀어 동그란 틀로 찍어낸다.

3 만두피에 만두소를 넣고 만둣국 모양으로 만든
  다.

4 끓는 물에 소금을 넣고 만두가 떠오를 때까지
  삶는다.

5 건져낸 만두는 달라붙지 않게 녹인 버터를 발
  라주고 사워크림과 곁들여 먹는다.

만두소 만드는 방법

1 감자는 세척 후 껍질을 벗겨 잘라서 삶고 으깬다.

2 으깬 감자, 다진 소고기, 다진 돼지고기, 다진
  양파, 다진 대파, 계란 노른자, 소금, 후춧가루
  를 넣고 섞어 소를 만든다.

라비올리 Ravioli

부드러움과 담백함을 지닌

이탈리아

재료

만두피 재료
밀가루 200g, 계란 1개, 소금 2g,
올리브 오일 40mL, 물(농도 맞춰서 조절)

만두소 재료
감자 2개, 시금치 60g, 새우 40g, 바질 5잎,
리코타 치즈 1큰술, 백 후춧가루 조금, 소금 조금

계란물 재료
계란 노른자 1개, 물 1큰술

만드는 방법

1 밀가루와 계란 1개, 소금, 오일을 넣고 반죽을 하는데 물로 농도를 맞주고 한덩어리로 만들어 냉장고에 30분정도 숙성시킨다.

2 덩어리 반죽을 밀대로 아주 얇게 밀어 동그란 틀로 찍어낸다.

3 준비된 만두피에 계란물을 바르고 만두소를 1/3정도만 넣고 한장을 더 겹쳐 모서리를 손으로 눌러 붙인다.

4 끓는 물에 만두를 넣고 2분정도 떠오를 때까지 삶는다.

5 익은 만두는 건져 접시에 달라붙을 수 있으니 오일을 살짝 바른다.

6 취향껏 소스를 추가해 먹으면 더 맛이 좋다.

만두소 만드는 방법

1 감자는 쪄서 으깬다.

2 시금치는 세척 후 소금물에 데쳐 물기를 짜서 길이 2cm 정도로 자른다.

3 바질과 새우는 듬성듬성 자른다.

4 볼에 으깬 감자, 데친 시금치, 다진 새우, 바질, 리코타 치즈, 백 후춧가루, 소금을 넣고 섞는다.

제4장 세계의 만두

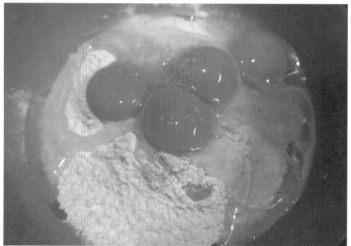

라비올리는 넙적한 모양의 반죽 위에 여러가지 재료로 속을 올린 다음 그 위를 덮어 만든 일종의 이탈리아의 전통 파스타다. 라비올리는 이탈리아 전 지역에서 여러가지 조리법으로 요리해 먹는데 넙적한 반달 모양이 가장 일반적이고 삼각형이 원형처럼 다양한 모양으로 만들기도 한다. 소의 재료는 리코타 치즈나 파르메산 치즈를 사용하는데, 부드러우면서도 치즈의 풍부한 풍미가 만두속을 가득 채우고 있다.

라비올리는 이탈리아에서는 굉장히 대중적인 음식이라 통조림으로 만들어 판매하기도 한다. 통조림 라비올리는 데워먹기만 하면 되는 음식으로 우리나라의 냉동 만두에 가깝다.

라비올리는 취향에 따라 크림 소스, 토마토 소스, 오일 소스, 갑각류 소스 등 곁들여 먹는 소스에 따라 다양한 맛으로 즐길 수 있다.

완탕

중국

314

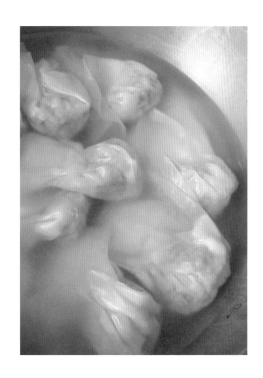

재료

만두피 재료
밀가루 200g, 물 100mL, 소금 2g, 설탕 2g

만두소 재료
다진 돼지고기 100g, 다진 새우살 70g, 라드 30g,
다진 대파 30g, 간장 15mL, 생강 즙 15mL,
소금 조금, 후춧가루 조금

부재료
에그누들, 고추기름

육수 재료
사골육수

고명 재료
청경채, 쪽파

제4장 세계의 만두

만드는 방법

1 밀가루, 물, 소금, 설탕을 한데 넣고 한덩어리로 만들어준 뒤 공기가
  통하지 않게 덮어 냉장고에서 1시간 숙성시킨다.

2 숙성된 반죽은 7g씩 분할하여 최대한 얇게 민다.

3 만두피에 만두소를 1/2큰술 정도 소량만 넣고 접는데 만두 모양은 오
  므려 싼 뒤 중간부분만 눌러 고정시킨다.

4 끓는물에 만두와 에그누들, 청경채를 삶아준다.

5 접시에 사골육수, 만두, 에그누들과 고명을 얹어 마무리한다.

만두소 만드는 방법

1 다진 돼지고기, 다진 새우살, 라드, 생강즙, 다진 대파, 간장, 소금, 후
  춧가루를 넣고 새우와 돼지고기가 섞일 때까지 치댄다.

완탕은 만둣국과 비슷하면서도 다른 음식이다. 우리가 흔히 먹는 만두는
만두소를 먹는다고 하지만 완탕은 만두피를 먹는 만두라고 부른다. 만두
소는 아주 소량을 넣고 만두피를 최대한 얇게 밀어 국물과 함께 호로록
먹는 만두인데 국물을 곁들여 따뜻하게 먹는 물만두의 일종으로 중국의
대표적인 만둣국이다. 얇게 민 만두피로 만든 만두가 육수에 들어가면
물고기가 꼬리를 흔들며 헤엄치는 듯하며 부드러운 목넘김이 일품이다.
완탕은 들어가는 재료에 따라 새우 완탕, 고기 완탕, 채소 완탕처럼 다양
한 이름이 붙는데 완탕의 본질은 모두 같다.

　　설렘과 두려움을 안고 〈정조지〉 만두 편을 시작하였는데 어느새 마무리 글을 쓰게 되었다. 처음에는 흔한 음식인 만두로 책을 쓴다는 것이 부담이 되었다. 하지만 〈정조지〉의 만두를 살펴본 뒤 나는 내가 가지고 있는 만두에 대한 고정관념을 깨는 것이 더 중요하다는 것을 알았다. 낯선 재료, 익숙하지 않은 조리법, 지금과 계량법이 다른 것은 시간이 흐르면 해결 될 것이다. 하지만 내가 지금까지 먹었던 만두의 맛을 지금 이 순간부터 버려야 〈정조지〉 만두의 맛을 이해하고 받아들일 수 있을 것 같았다. 일단은 가장 궁금한 〈정조지〉에 기록된 어만두를 만들기 위해 서둘러 수산시장으로 갔는데 숭어가 끝물이라 없다고 한다. 당황하여 군산, 부안의 수산시장을 헤매다가 격포에서 숭어를 구하게 되면서 《조선셰프 서유구의 만두 이야기》의 복원이 시작되었다. 조선시대로 만두탐방을 온 사람들에게 전통만두를 대접하는 숙수가 되기로 마음먹었다. 가급적이면 현대의 편리한 도구보다는 옛날 도구로 만두를 만들었다. 장작불을 때서 무쇠 솥에 어만두를 삶고 일부 곡물은 맷돌을 사용하여 제분하였다. 복원하는 만두가 하나 둘 늘어나면서 〈정조지〉의 만두와 점점 친해졌는지 어렵게 만 생각되던 만두의 이름들이 술술 나온다. 야생 닭과 야생오리를 소로 사용한 아두자(鵝兜子)와 잉어에 양고기를 넣은 어포자(魚包子)를 만들기 전에는 냄새가 많이 날 것 같아 걱정했지만 양념이 냄새를 제거하여 만두소로 부족함이 없었다. 이런 향신료의 조합이 나오기 까지 이런저런 향신료를 사용하면서 얼마나 많은 연구를 했을지 감탄스러웠다. 또 한 글자 한 글자에 의미가 담겨 있어 조금만 방심하여도 조리법을 놓칠 수 있기 때문에 복원을 할 때는 정신을 바짝 차려야 했다.

연방(蓮房)을 구하기 위해 연(蓮) 농원을 찾았다가 연에 대해서 자세히 알게 되었다. 연에 대해 미리 공부를 한 뒤라 연방에 박힌 연실처럼 마음에 콕콕

박혔다. 〈정조지〉의 만두의 식재료를 구하면서 인연을 맺은 분들께 그 분들이 오랫동안 쌓아온 지식도 함께 얻을 수 있었다. 어려운 여건 가운데서도 전통 식재의 맥을 잇고 있다는 그 분들의 높은 자긍심이 매우 인상적이었다. 이런 분들이 직접 하기 어려운 홍보나 마케팅 분야를 젊은 세대가 채워준다면 밀 글루텐에 콩가루를 섞어서 만든 박만두처럼 상호보완이 되어 많은 사람에게 우리 전통식재를 알릴 수 있는 것 같다. 젊은 사람이 전통 음식을 맥을 잇고 있는 것이 기특하다며 격려를 해주시는 이분들이야말로 서유구 선생의 정신을 실천하고 계시는 분들이라는 생각이 든다. 〈정조지〉의 만두에는 재미있는 조리 방식도 찾을 수 있다. 밀가루에 물을 가해 덩어리를 만든 다음, 이를 물속에 넣고 주무르면 밀 전분은 물에 녹아 제거되고 끈적끈적한 밀 글루텐이 남는다. 이 밀 글루텐에 콩가루를 더해서 만두의 피를 만드는데 글루텐이 없어 만두피로 적합하지 않는 콩가루에 끈적이는 글루텐을 더해서 고소한 반죽을 만들어 낸다. 지금은 밀 글루텐을 세이탄(Seitan)이라 부르는데 비건 식품으로 잘 알려진 밀고기이다. 서유구 선생의 시대에 밀 글루텐을 추출하는 방식을 만두피에 활용했다는 것이 놀라울 뿐이다. 이처럼 현대의 기술은 결국 전통에 근거한다는 것도 알게 되었다. 한 식재료의 단점을 다른 식재료가 보완하듯 우리도 서로의 단점을 보완하며 완성시켜 나가는 것이라는 생각이 나도 모르게 들었다. 〈정조지〉를 복원하다 보면 음식에 대한 지식 뿐 아니라 살아가는 지혜도 함께 배우게 된다.

지금은 웬만하면 손으로 만두를 빚지 않는다. 만두를 빚자고 하면 만두를 같이 만들어야 가족들이 "뭐 하러 고생하느냐"고 말린다. 가족과 함께 빚던 만두만은 못하지만 먹을 만한 냉동만두가 집 앞 마트의 냉동실을 가득 메우고 있다. 잘 고르면 기대이상의 만두를 만나기도 한다. 고생 없이 만두

를 얻을 수 있는 것에 점점 익숙해진 우리는 오늘도 만두를 사서 먹는다. 언제든지 먹고 싶으면 먹을 수 있는 만두이기에 별다른 관심을 두지 않는다. 사람들은 만두의 시작이 제갈량이다 아니다로 과거에 집착하며 논쟁은 하면서 사실 우리 전통만두의 모습은 잘 모른다. 냉동만두 시장이 커지면서 메밀만두, 어만두 등이 출시되고 있다. 비싸지 않은 가격으로 전통만두를 맛 볼 수 있으니 그나마 다행이다. 다만, 소비자들이 이 만두의 뿌리를 알지 못한 채 다이어트나 단백질을 섭취를 목적으로 먹는다는 것이 안타까울 뿐이다.

지금까지 전통만두는 고조리서를 복원한 책에서 한두 가지 볼 수 있었을 뿐이다. 《조선셰프 서유구의 만두 이야기》는 우리 전통만두를 모아서 복원하였다는 것에 큰 의미가 있다. 여기에 고조리서 속의 만두와 향토만두 그리고 세계의 만두까지 만두만으로 엮은 책이다. 만두에 대해서 알고 싶은 사람들의 궁금증을 해결해 줄 수 있다. 《조선셰프 서유구의 만두 이야기》가 우리 만두의 뿌리를 찾는 시발이 되어 우리 만두가 좀 더 다채로워지고 만두라는 음식의 본질에 다가서기를 바란다. 앞으로 선생의 정신을 이어서 전통음식 복원과 연구에 더욱 매진할 것이라는 각오를 다져본다.

조선셰프 서유구의
만두 이야기

지은 이   우석대학교 전통생활문화연구소
          복원 및 집필 이윤호
          감수 및 자문 곽미경

펴낸 이   신정수

펴낸 곳   🌅 **풍석문화재단**
          진행 박시현, 박소해
          디자인 아트퍼블리케이션 디자인 고흐
          제작 상지사피앤비
          전화 (02) 6959-9921 **E-MAIL** pungseok@naver.com
펴낸 날   초판 1쇄 2022년 10월 17일
협찬   🏮 주식회사 오뚜기

ISBN   979-11-89801-55-7

조선셰프 서유구의 만두 이야기(임원경제지 전통음식 복원 및 현대화 시리즈 10)

ⓒ 우석대학교 전통생활문화연구소
이 책의 출판전송권은 **우석대학교 전통생활문화연구소** 와의 계약에 따라 **재단법인 풍석문화재단**에 있습니다.
저작권법에 의해 보호를 받는 저작물이므로 무단 전재와 복제를 금합니다.

이 책은 문화체육관광부의 "풍석학술진흥연구사업"의 보조금으로
음식복원, 저술, 사진촬영, 원문번역 등이 이루어졌습니다.